De docente para docente

Dados Internacionais de Catalogação na Publicação (CIP)
(Câmara Brasileira do Livro, SP, Brasil)

Ferreira, Windyz Brazão
 De docente para docente: práticas de ensino e
diversidade para a educação básica / Windyz Brazão Ferreira, Regina
Coeli Braga Martins. São Paulo: Summus, 2007.

 ISBN 978-85-323-0380-6

 1. Educação básica 2. Educação inclusiva 3. Ensino fundamental
4. Equiparação educacional 5. Prática de ensino 6. Sala de aula
- Direção I. Martins, Regina Coeli Braga. II. Título.

07-4565   CDD-379.26

Índice para catálogo sistemático:
1. Inclusão escolar: Direito de tratamento igual em
sala de aula: Política educacional: Educação 379.26

Compre em lugar de fotocopiar.
Cada real que você dá por um livro recompensa seus autores
e os convida a produzir mais sobre o tema;
incentiva seus editores a encomendar, traduzir e publicar
outras obras sobre o assunto;
e paga aos livreiros por estocar e levar até você livros
para a sua informação e o seu entretenimento.
Cada real que você dá pela fotocópia não autorizada de um livro
financia o crime
e ajuda a matar a produção intelectual de seu país.

De docente para docente

Práticas de ensino e diversidade para a educação básica

Windyz Brazão Ferreira

Regina Coeli Braga Martins

summus
editorial

DE DOCENTE PARA DOCENTE
Práticas de ensino e diversidade para a educação básica
Copyright © 2007 by autoras
Direitos desta edição reservados por Summus Editorial

Editora executiva: **Soraia Bini Cury**
Assistentes editoriais: **Bibiana Leme e Martha Lopes**
Capa: **Alberto Mateus**
Projeto gráfico e diagramação: **Crayon Editorial**
Impressão: **Geográfica Editora Ltda.**

Summus Editorial
Departamento editorial:
Rua Itapicuru, 613 – 7º andar
05006-000 – São Paulo – SP
Fone: (11) 3872-3322
Fax: (11) 3872-7476
http://www.summus.com.br
e-mail: summus@summus.com.br

Atendimento ao consumidor:
Summus Editorial
Fone: (11) 3865-9890

Vendas por atacado:
Fone: (11) 3873-8638
Fax: (11) 3873-7085
e-mail: vendas@summus.com.br

Sumário

Prefácio 7
Apresentação 13

SEÇÃO 1 • Princípios para desenvolver uma sala de aula inclusiva 21

SEÇÃO 2 • O professor-aprendiz: refletindo e aprendendo
com a prática docente. 31

SEÇÃO 3 • Identificando recursos humanos na sala de aula e na escola
para melhorar a qualidade da educação 47

SEÇÃO 4 • Colaboração na sala de aula: como utilizar os recursos
disponíveis com eficiência 59

SEÇÃO 5 • Avaliação para tornar a sala de aula mais inclusiva. 73

Para concluir 83

ANEXOS

1 Contribuições da Unesco para o desenvolvimento de sistemas
educacionais e escolas inclusivas 87

2 Unesco – *Changing teaching practices: using curriculum differentiation
to respond to students' diversity* (Mudando as práticas de ensino: usando a
diferenciação curricular para atender à diversidade de estudantes) 89

3 Indicadores da inclusão 93

4 O que é currículo? 101

5 Diferenciação curricular: usando as diferenças para planejar 104

6 Inventário de estilos de aprendizagem 111

7 Planejamento inclusivo 114

8 Cultura na sala de aula 122

9 Aprendizagem colaborativa .124

Prefácio

ESTE É UM LIVRO DE DOCENTES PARA DOCENTES, com o colorido de uma conversa entre os leitores e as autoras, que tiveram como propósito compartilhar experiências.

Convidada a fazer o prefácio, entendi que seria adequado "entrar no espírito" das mensagens e participar da conversa, contando um pouco de minhas próprias experiências, para apontar a importância de um livro como este.

Há 51 anos, quando iniciei minhas atividades como educadora, recebi, da diretora da escola estadual para onde fui designada, minha primeira turma de alunos especiais (AE) — como eram chamados naquela época. Ao me indicar para aquela turma, ela comentou que me oferecia um presente. Reconheço que assim foi, e acrescento que foi um presente tão grande que o desembrulho até hoje!

Ao assumir a turma, eu estava extremamente motivada para concretizar o que aprendera nos estágios de prática de ensino alicerçados na teoria do curso de formação de professores. E levei o que de melhor dispunha para motivar meus alunos a aprender e a participar.

Eram crianças marcadas por histórias de fracasso, com baixa autoestima, ainda analfabetas e iletradas e que, por apresentarem significativas diferenças em relação aos seus pares, eram discriminadas e consideradas incapazes de aprender. Freqüentar a escola era mais um movimento de ida e vinda em sua vida, sem maior sentido ou significado. Essa constatação explicava o desinteresse manifesto, o comportamento irrequieto, geralmente hostil e agressivo, além da infreqüência, que tanto interferiam no processo de aprendizagem.

Confesso que me senti perdida e em conflito: de um lado, meu desejo (enorme) de ser educadora e oferecer a meus alunos a oportunidade de exercitar sua cidadania (pois desde então acreditava que educar é um ato político, além de social e pedagógico); de outro lado, uma profunda frustração emoldurada por sentimentos de medo e insegurança. Não precisei de muito tempo para descobrir que minha bagagem teórico-metodológica era insuficiente para tamanho desafio.

Como proceder? Iniciei a busca fazendo inúmeras perguntas aos colegas, procurando cursos de especialização e recorrendo a diversas leituras. Infelizmente, não encontrei nenhum livro como este, que fala a linguagem do docente, do lugar que ele ocupa.

Essas sofridas vivências levam-me a entender, muito bem, quando um colega me diz que resiste à proposta de educação inclusiva no recorte que contempla os aprendizes em situação de deficiência. Os educadores sentem-se despreparados e receiam não cumprir adequadamente seu papel. Temem fazer a exclusão dentro da inclusão, criando núcleos de reclusão em sala de aula por não saberem como trabalhar com grupos tão heterogêneos.

Mesmo com os avanços da ciência e da tecnologia, os cursos de formação de professores apresentam sérias lacunas – e não podemos afirmar que todos esses professores se qualificam como educadores, no sentido amplo do termo.

Precisamos ampliar os espaços de diálogo – de idéias, experiências ou sentimentos – para expandir os horizontes de possibilidades como educadores, cidadãos e pessoas, aumentando nossa auto-estima e sentindo-nos valorizados.

Aprimorar a prática pedagógica é uma tarefa urgente, porque estamos empenhados em fazer prevalecer a orientação inclusiva nas escolas, porque devemos remover as barreiras que têm causado o fracasso escolar e, principalmente, porque o binômio ensinar–aprender pode e deve ser prazeroso para quem ensina e para quem aprende.

Em vez do cansaço e do desânimo com os quais nos flagramos indo ou vindo das escolas, a proposta é a de sentir alegria e otimismo, lembrando que as crianças que hoje nos olham com curiosidade e avidez serão os adultos do amanhã – contributivos para a sociedade, esperamos. A criança é o pai do homem, convém lembrar. Alunos são pessoas que carregam o potencial de transformar o contexto que nos cerca, tornando-o mais equânime e justo.

Em outras palavras, podemos desencadear o processo de mudança dentro da sala de aula, estendê-lo para além dos muros da escola e envolver, pouco a pouco, toda a comunidade.

Os leitores deste texto podem pensar que falar ou escrever é fácil, difícil é fazer acontecer. Concordo e vou além: como educadores, podemos muito, mas não podemos tudo; na escola, podemos exercitar valores humanos, mas não podemos garantir que eles sejam reconhecidos e praticados por toda a comunidade. Podemos transformar a cultura, as políticas e as práticas educativas da "nossa" escola, mas não podemos garantir que o mesmo vá ocorrer em todas as demais.

Todas essas considerações, ao lado de outras que nos fazem pensar em paradoxos e contrastes com os quais convivemos, são necessárias e inadiáveis. Pessoalmente não compartilho das teses messiânicas ou mágicas a respeito do fazer da escola como único meio capaz de reverter o quadro de injustiças e desigualdades com o qual convivemos.

Defendo com unhas e dentes a importância da articulação entre as políticas públicas, porque a inclusão social – como direito do indivíduo e atribuição do Estado de Direito – não depende só da escola. No entanto, no dia-a-dia continuo aprendendo que, nesse movimento para transformar as escolas, temos sido estimulados a desenvolver novos olhares para a problemática político-social e econômica da sociedade brasileira e já desencadeamos a luta para remover seus fatores causais.

Vale, portanto, discutir o paradigma da inclusão dentro da escola e, com base nisso, desenvolver efetivas ações: denunciando, procurando parcerias e, sobretudo, modificando o modo de sentir, pensar e agir em sala de aula.

Como tem sido amplamente assinalado, a proposta inclusiva diz respeito a todos os aprendizes, e não apenas às pessoas em situação de deficiência e às superdotadas. Igualmente sabemos que educação inclusiva é muito mais do que simples presença física (inserção na escola) em turmas do ensino regular.

Escolas de orientação inclusiva trabalham para que todos estabeleçam relações com os saberes, aprendendo, construindo conhecimentos, desenvolvendo habilidades e competências. Trabalham, também, para que todos participem, isto é, para que haja integração entre os alunos, bem como entre alunos e educadores, decorrente de movimentos relacionais calcados no reconhecimento das diferenças individuais, na diversidade cultural e nos saudáveis sentimentos de cooperação e solidariedade – sem pieguismos.

Creio que este livro contém os ingredientes necessários para deflagrar e manter inúmeras reflexões que precisamos e devemos fazer para que se consolidem as mudanças. Pode ser que não concordemos com tudo que ele contém, ou que nos apropriemos de suas mensagens e as tomemos como nossas. Em ambos os casos, saímos ganhando: no primeiro porque, ao discordar, procuraremos argumentos que sustentem nossos pontos de vista, e isso é aprendizado que conduz ao crescimento pessoal e profissional; no segundo caso, porque teremos encontrado pensadoras que escrevem, com suas palavras, aquilo que gostaríamos de dizer, o que reforça nossos pontos de vista e nos dá maior segurança.

Tal como as autoras anunciam, este é um livro simples e fácil de ler. Espero e desejo que vocês experimentem os mesmos sentimentos que ele me proporcionou. Entre eles, o desejo, cada vez mais forte, de contribuir para a reversão do contexto de desigualdades e injustiças sociais com o qual convivemos.

Da escola, acrescentaremos apenas um pequenino grão de areia em prol das transformações que se fazem necessárias. Mas, com a soma desse grão a vários outros, poderemos imaginar uma praia, um espaço ensolarado de liberdade, onde será possível caminhar com firmeza e brandura para remover inúmeros e perversos preconceitos e discriminações. Que seja logo!

ROSITA EDLER CARVALHO
Pesquisadora em Educação Inclusiva
Ex-diretora do Instituto de Psicologia da Universidade
Estadual do Rio de Janeiro (Uerj)

Apresentação

COLEGA DOCENTE,

Hoje um dos grandes desafios do sistema público de educação no Brasil é preparar professores para ensinar estudantes de todas as faixas etárias e estilos de vida, com diferentes potenciais e ritmos de aprendizagem, buscando atender à diversidade da sala de aula e suas demandas.

As condições vividas pelas docentes no dia-a-dia da prática educacional nas escolas públicas são muito semelhantes em todo o Brasil e se caracterizam principalmente por:

- turmas numerosas;
- classes com muitos estudantes que fracassam na aprendizagem;
- falta de tempo real para planejar a aula;
- falta de assiduidade dos estudantes;
- pouca motivação dos estudantes para participar das aulas;
- isolamento e solidão do docente para lidar com as dificuldades que surgem;
- planejamento escolar precário.

Some-se a isso a ampla diversidade de estilos e ritmos de aprendizagem que encontramos nas salas de aula das escolas brasileiras, resultante, entre outros fatores, das seguintes condições:

- estudantes que vieram de várias regiões brasileiras ou de outros países;

- estudantes com expressões lingüísticas, níveis de conhecimento e aprendizagens diferentes;
- níveis distintos de aquisição e desenvolvimento de linguagem oral e escrita.

A docência em nossas escolas representa, portanto, um constante desafio aos professores. Diante de uma realidade educacional tão complexa, devemos continuamente nos perguntar:

- O que fazer para superar as barreiras à aprendizagem igualitária de todos os estudantes?
- Como trabalhar pedagogicamente com estudantes tão diferentes entre si?

Sem dúvida, mudar exige um grande esforço e também um compromisso político com o direito de todos à educação de qualidade. Contudo, promover mudanças na prática educacional é possível e constitui uma experiência gratificante profissionalmente. É o que pretendemos demonstrar aqui.

Este livro é fruto da aprendizagem de professoras da rede pública que, ao reconhecerem que as aulas tradicionais não ajudavam a lidar com os diferentes estilos de aprendizagem dos estudantes em suas turmas, tiveram a coragem de enfrentar o desafio de mudar sua prática de ensino. Após um intenso processo de reflexão e ação, essas docentes adotaram novas práticas, com o objetivo de desenvolver métodos de ensino que possibilitassem a participação e a aprendizagem efetivas de *todos* os seus estudantes, em outras palavras, a inclusão de todos nas atividades propostas em classe.

> *Inclusão* significa combate a qualquer tipo de exclusão e discriminação, bem como promoção da participação, tanto na escola como na família e na comunidade. No contexto da educação, a *inclusão* engloba os seguintes direitos:
>
> - acesso à educação por meio de matrícula em qualquer escola (da rede pública ou privada);
> - acesso ao currículo por meio de estratégias de ensino que possibilitem a igualdade na participação nas atividades em sala de aula e na vida social escolar e comunitária;
> - acesso aos conteúdos trabalhados na escola, assim como àqueles existentes na comunidade, por meio do processo de ensino e aprendizagem.

Contribuições da Unesco para o desenvolvimento de escolas inclusivas

A UNESCO É O ÓRGÃO da Organização das Nações Unidas (ONU) responsável pelo desenvolvimento da educação. A sigla Unesco (em inglês *United Nations Education, Science and Culture Organization*) significa Organização das Nações Unidas para a Educação, a Ciência e a Cultura. Com a missão de impulsionar os sistemas educacionais dos países membros da ONU, a Unesco realiza grandes eventos mundiais, conclamando os governantes a adotar diretrizes internacionais que se transformam (ou não) em políticas públicas para a melhoria da qualidade da educação. Nesse contexto, desde 1990 a Unesco tem tido papel crucial (*veja* **ANEXO 1**) no estabelecimento de tais diretrizes e, no Brasil, as políticas públicas as refletem. Por exemplo, as políticas públicas para a educação de jovens e adultos (EJA) constituem a resposta do governo à Conferência Mundial da Educação para Todos (e ao documento de mesmo nome), realizada em 1990 na Tailândia. No caso específico dos estudantes que enfrentam barreiras significativas para ter acesso à educação (por exemplo, pessoas com deficiência, indígenas e quilombolas), o documento da Unesco que norteou as políticas nacionais foi a Declaração de Salamanca, publicada em 1994, que lançou o termo *necessidades educacionais especiais*, ainda hoje associado (incorretamente) apenas aos estudantes com deficiência.

Este livro foi inspirado por inúmeros materiais publicados pela Unesco e orientado particularmente pelo material publicado em 2004 *Changing teaching practices, using curriculum differentiation to respond to students' diversity* (*veja* **ANEXO 2**), para cuja elaboração uma das autoras deste livro contribuiu.

Como docentes, sabemos que é possível promover a inclusão em qualquer ambiente educacional. Por isso, convidamos você a ler as experiências que relatamos nas páginas a seguir e, com base nelas, avaliar sua própria prática de ensino e os resultados do processo de ensino e aprendizagem que ocorre em sua sala de aula. Ao fazer isso, pergunte a si mesmo se está satisfeito com os resultados alcançados. Se não estiver, talvez seja tempo de começar a pensar em mudanças...

O que pretendemos

PROCURAMOS REUNIR neste livro informações relevantes sobre novas formas de ensinar, mais práticas e objetivas. Esperamos que aqui você encontre motivação para refletir sobre o seu dia-a-dia na sala de aula e na escola, bem como para trocar experiências educacionais com seus colegas e estudantes.

Estamos certas de que você, como nós, sabe muito sobre ensinar e gostaria de aperfeiçoar sua prática docente. Com isso em mente, organizamos um conteúdo que ajudará você a encontrar caminhos novos para enriquecer sua prática de ensino e a aprendizagem dos estudantes.

Considerando a falta de tempo do docente no Brasil, procuramos escrever um livro que fosse fácil de ler, que se assemelhasse mais a *uma conversa entre docentes*, conduzida com base em relatos de experiências pessoais. Assim, adotamos a chamada "linguagem da prática" do dia-a-dia escolar.

Acreditamos que o nosso objetivo coincide com o seu: achar alternativas educacionais viáveis para garantir que todos os estudantes de todas as escolas atinjam o sucesso escolar. Por isso, convidamos você a colaborar com a construção de escolas inclusivas, nas quais efetivamente se realizem nossas metas educacionais.

Como organizamos este livro

OUVIMOS DOCENTES da rede pública, coordenadores e gestores de escolas, assim como educadores que atuam em coordenadorias municipais de educação, para saber que tipo de livro consideram mais acessível aos professores e que características ele deve ter. O resultado foi que, para o docente, um livro útil:

- é parecido com uma revista, com textos curtos e interessantes;
- traz exemplos de experiências docentes em sala de aula;
- está mais voltado para a prática do que para a teoria;

- desafia o professor a executar as idéias apresentadas;
- propõe perguntas que ajudem a refletir sobre a prática;
- tem letras grandes;
- tem espaços para o professor anotar experiências pessoais ou idéias que possam surgir durante a leitura;
- cabe na bolsa e, logo, pode ser lido em qualquer lugar, sempre que possível, para estimular novas idéias.

ESTRUTURA INTERNA

O livro está dividido em seções que abordam os temas mais relevantes, a nosso ver, para a formação do professor voltado para a inclusão de todos os estudantes em suas atividades de sala de aula e na vida escolar. Os textos são curtos, de fácil leitura, e trazem muitas idéias sobre como mudar práticas de ensino.

Cada seção é independente e pode ser lida (ou relida) separadamente sem comprometer seu entendimento. A idéia é que você utilize cada uma de acordo com o que está realizando na classe. Por exemplo:

- se está colhendo informações sobre o que os estudantes sabem a respeito de um assunto do conteúdo curricular, então vá direto para a **SEÇÃO 2**;
- se quer saber mais sobre como trabalhar em grupo, dirija-se para a **SEÇÃO 3**, sobre recursos humanos, e/ou para a **SEÇÃO 4**, que trata da colaboração na escola;
- se deseja avaliar as atividades ou a aprendizagem dos estudantes, leia a **SEÇÃO 5**.

A **SEÇÃO 1**, em particular, deve ser lida por todos e antes das demais, pois ajuda a adquirir (para quem não a possui) ou a desenvolver melhor compreensão sobre o conceito de inclusão e seus princípios norteadores. À medida que vamos transformando nossas práticas, esse conceito vai se incorporando a elas e tornando-se cada vez mais claro. Fica mais fácil, então, entender o que significa dizer que "a educação é um direito de todos" e que é nosso papel concretizar esse direito no âmbito da sala de aula e da escola.

Os anexos contêm mais informações sobre o conteúdo das seções, bem como estratégias de ensino inclusivas, e podem ser consultados a qualquer momento.

Esperamos que nossa contribuição ajude você a se aperfeiçoar como docente comprometido com a educação de qualidade para todos os seus alunos, sejam eles crianças da educação infantil ou do ensino fundamental, jovens e adultos do ensino médio ou da educação de jovens e adultos, ou, ainda, universitários.

Desejamos boa sorte nas suas novas práticas em sala de aula!

■ **Uma sala de aula inclusiva, onde todos participam e colaboram**

SEÇÃO 1

Princípios para desenvolver uma sala de aula inclusiva

O que é educação inclusiva?
Quais são os fundamentos da inclusão?

Educação inclusiva e inclusão são conceitos que nós, educadores envolvidos e engajados na melhoria do sistema educacional, devemos esclarecer a todas as crianças, jovens e adultos brasileiros. Mas também é necessário que as demais pessoas que direta ou indiretamente participam do processo de escolarização – estudantes, familiares, funcionários das escolas e membros da comunidade – entendam o que é educação inclusiva e quais são seus fundamentos. Assim, uma escola que adota o princípio da inclusão deve assegurar que todos conheçam o significado desse termo.

A educação inclusiva (infelizmente...) ainda é predominantemente entendida como a "inclusão de crianças e jovens ou adultos com deficiências nas escolas regulares". Contudo, a educação inclusiva não diz respeito somente às pessoas com deficiência, mas a qualquer estudante que encontra barreiras para aprender ou ter acesso ao que a escola oferece – em qualquer momento da escolarização.

O termo *inclusão* é freqüentemente usado como sinônimo de "integração", mas essa associação é enganosa, pois trata-se de conceitos diferentes.

Inclusão diz respeito a melhorar a escola para todos e combater qualquer forma de exclusão, segregação e discriminação no contexto escolar. Ao mesmo tempo, a inclusão diz respeito à promoção de oportunidades igualitárias de participação. Numa escola inclusiva todos são considerados iguais e têm o mesmo valor. Assim, a escola que é inclusiva está em contínuo processo de mudança para assegurar o acolhimento de cada um dos alunos ou dos membros da comunidade escolar, bem como sua aprendizagem.

O conceito de *integração*, por outro lado, se refere especificamente à inserção (matrícula) de pessoas com deficiência nas escolas regulares, mas não assegura necessariamente sua participação nas atividades e na vida escolar, nem sua aprendizagem em condições de igualdade. A integração não implica o compromisso com a melhoria da escola para *todos* os estudantes. Ou seja, as escolas que integram alunos com deficiência não mudam para responder às suas diferenças de estilo e ritmo de aprendizagem; é o aluno que deve se adaptar às condições da escolarização.

Nossa experiência na formação de docentes e gestores da rede pública de ensino revelou sistematicamente a necessidade de construir um *referencial conceitual comum de educação inclusiva e inclusão*.

Isso requer, antes de mais nada, iniciar uma reflexão sobre:

- a exclusão na realidade educacional brasileira;
- os direitos humanos;
- a legislação existente (políticas públicas).

Tal reflexão, de preferência realizada *em colaboração com os colegas* professores/educadores da escola, ajuda o corpo docente a identificar os grupos de estudantes que enfrentam maior risco de ser excluídos do sistema educacional: os mais vulneráveis ao fracasso escolar.

Nesse processo reflexivo, é fundamental que o docente compreenda a relação exclusão↔inclusão no contexto educacional, pois a clareza conceitual oferece os alicerces para o desenvolvimento de uma prática de ensino inclusiva. Ou seja, entender o conceito ajuda o professor a promover mudanças consistentes em sua prática educacional.

Vejamos um exemplo de como fazer isso.

ESTRATÉGIA ■ CONSTRUIR OS CONCEITOS DE INCLUSÃO E EXCLUSÃO

A COORDENAÇÃO PEDAGÓGICA ou um membro da comunidade escolar convida os docentes a se reunir com o objetivo de construir um mapa dos vários grupos sociais que, no Brasil, se encontram sob o risco de exclusão educacional.

OBJETIVO
Desenvolver um referencial comum de inclusão e educação inclusiva.

PROCEDIMENTO
Preparam-se dois cartazes legíveis: um com a palavra *exclusão* e outro com a palavra *inclusão*. Os cartazes são afixados na parede em lados opostos da sala, e cada docente recebe duas folhas de papel A4, se possível de cores diferentes para cada palavra.

Os docentes, então, são convidados a escrever individualmente (em letras grandes) suas definições/compreensões para as palavras *exclusão* e *inclusão* e, em seguida, afixá-las nas respectivas paredes.

A seguir, o grupo todo deve focar a atenção no painel da palavra *exclusão* para ler seu conteúdo, discuti-lo e refletir sobre como reorganizá-lo, agrupando as palavras relacionadas, dando sentido ao painel.

A coordenadora da atividade divide os docentes em grupos de cinco ou seis, os quais deverão elaborar suas definições com base na reflexão realizada. O mesmo procedimento deve ser realizado com a palavra *inclusão*.

A reflexão pode se aprofundar com questões do tipo:
- Quem está excluído do sistema educacional?
- O que é exclusão e como acontece nas escolas/sala de aula?
- Quais são as necessidades educativas especiais?
- O que é inclusão e como desenvolver uma educação inclusiva?

Para um dos grupos com os quais trabalhamos, *os excluídos do sistema educacional* são:

> *o pobre, o aluno com deficiência, o negro, o índio, a criança com dificuldade de aprendizagem, o hiperativo e o superdotado, a criança, jovem ou adulto institucionalizados, o Nordeste e o Norte do Brasil, as crianças em situação de conflito com a lei, as meninas e as crianças doentes etc.*

Em outro grupo, o resultado da reflexão levou à construção coletiva do conceito de inclusão:

> *Inclusão significa construir uma escola para todos, que aceite, respeite e celebre a diversidade e ao mesmo tempo leve em conta as bagagens individuais de todos os membros da comunidade escolar. Para construir essa escola inclusiva, é necessário redimensionar a escola e as práticas educativas para:*
> * *responder às necessidades de cada estudante/pessoa;*
> * *criar oportunidades de participação;*
> * *eliminar barreiras atitudinais, preconceitos e profecias sobre o fracasso de alguns estudantes;*
> * *enfocar e valorizar as capacidades;*
> * *considerar a deficiência uma diferença humana;*
> * *construir uma "cultura de pertencimento" (conviver, convidar, acolher e ser acolhido), de valor individual e de valor do grupo;*
> * *criar espaços de reflexão para a mudança, envolvendo a formação do professor, o acesso ao currículo, a participação da comunidade etc.*

Um grupo de docentes e educadores, durante um processo de aperfeiçoamento profissional para o uso de estratégias inclusivas na sala de aula regular, se expressou da seguinte maneira:

> *Entender o significado dos conceitos de inclusão e exclusão, pouco a pouco, nos levou a refletir sobre caminhos novos que poderíamos seguir no processo de ensino e aprendizagem. Ao mesmo tempo, passamos a ter mais dúvidas e a refletir mais sobre os nossos "jeitos" de ensinar: quem tendemos a incluir e quem deixamos fora da aula sem participar das atividades, e também... quem damos graças a Deus que não veio para a aula... Entender os conceitos e aprofundar sua compreensão a partir da reflexão sobre nossa prática na escola e na sala de aula nos deixa inquietos, desassossegados, porque nos faz pensar e repensar sobre o que estamos fazendo na aula, como estamos fazendo, se está ajudando todos a aprender... Pensar inclusivamente nos leva a:*
> - *estar mais atentos a cada um na classe;*
> - *ouvir o que as crianças têm a dizer;*
> - *prestar atenção ao tempo e à forma como as crianças ou os jovens participam (ou não) das atividades propostas;*
> - *observar o funcionamento da aula e da classe (como os alunos interagem nas tarefas educativas);*
> - *identificar as diferenças e as características individuais de cada estudante para usá-las no planejamento da aula.*

Fundamentos da educação inclusiva

EM UMA ESCOLA INCLUSIVA, tanto a cultura e a política como a prática educacional são orientadas pelo princípio da inclusão (*veja* **ANEXO 3**). Para desenvolver tal escola, portanto, a comunidade escolar deve defender e promover seus fundamentos, que aqui chamaremos de *pilares da inclusão*. São eles:

PILARES DA INCLUSÃO NO ÂMBITO DA POLÍTICA ESCOLAR:

- *Educação é um direito que deve ser garantido a todos*, independentemente de condição econômica, física e social, de raça, de linguagem, de etnia etc.
- *Incluir significa combater qualquer prática de exclusão na escola* e aumentar as oportunidades de participação no processo educativo.
- *A educação inclusiva não diz respeito somente às pessoas com deficiências*, mas a todos os estudantes que enfrentam barreiras para ter acesso ao currículo e à educação formal ou informal.
- *A designação* necessidades educativas especiais *se aplica a TODOS – crianças, jovens ou adultos – que enfrentam barreiras para aprender* e tomar parte do processo educacional ou dos vários grupos existentes na comunidade escolar.
- *O poder de decisão na sala de aula deve ser compartilhado entre estudantes e docentes*. Estes devem aprender a ouvir o que os alunos têm a dizer e ensiná-los de acordo com seus processos individuais de aprendizagem.
- *A família do estudante deve ser considerada uma aliada da escola*, com acesso, portanto, a meios que lhe permitam participar das várias instâncias escolares.
- *A comunidade na qual a escola está inserta deve ser uma parceira*, com papel relevante nas tomadas de decisão.

PILARES DA INCLUSÃO NO ÂMBITO DA CULTURA DA ESCOLA:

- *Todos são reconhecidos como iguais e, portanto, têm os mesmos direitos na escola*, independentemente de condição econômica, física e social, de raça, de linguagem, de etnia etc.
- *A diversidade humana e as diferenças individuais devem ser consideradas recursos valiosos* para promover a aprendizagem significativa de todos os estudantes.
- *Todos são igualmente acolhidos e valorizados na escola inclusiva*; portanto, qualquer forma de discriminação deve ser combatida.

PILARES DA INCLUSÃO NO ÂMBITO DA PRÁTICA DE ENSINO:

- *Todos os estudantes têm direito de acesso a oportunidades igualitárias de aprendizagem,* independentemente de condição econômica, física e social, de raça, de linguagem, de etnia etc.
- *A sala de aula deve ser um espaço de promoção de participação de todos os presentes* – de parcerias entre professor e aluno e entre os estudantes, como uma forma de combate à exclusão e à discriminação.
- *A aprendizagem na sala de aula deve envolver a interação e a colaboração entre estudantes* na realização de tarefas em grupo.
- *Ser incluído significa freqüentar as aulas, participar* das atividades e *aprender* conteúdos curriculares relevantes.
- As *aquisições e realizações* ocorridas na sala de aula devem sempre ser *celebradas e compartilhadas* com todos.
- *Estudantes e docentes devem ser parceiros ativos* no processo de aprendizagem dinâmica.

Com base nos pilares da inclusão apresentados, devemos sempre lembrar e cultivar o princípio de que *a educação é um assunto de direitos humanos*, dos quais nós – professores, gestores e educadores – somos os defensores nas escolas em que trabalhamos.

Agora convidamos você a refletir sobre sua prática docente.

ATIVIDADES

O que você entende por inclusão agora?

Reflita sobre o tema e anote seu pensamento hoje.

Daqui a algum tempo, depois de tentar tornar a sua aula mais inclusiva, retorne a esta anotação e a reveja. Registre o que mudou na sua compreensão.

ANOTAÇÕES

ANOTAÇÕES

SEÇÃO 2

O professor-aprendiz: refletindo e aprendendo com a prática docente

Como eu aprendo sobre a minha turma e os recursos disponíveis na sala de aula?
Como reflito sobre as minhas práticas?

Quando iniciei o trabalho com minha turma deste ano, logo na primeira conversa com as crianças fiquei otimista, porque a maioria da classe vinha de escolas municipais de educação infantil existentes no bairro. Com o passar dos dias, pude observar que a classe era muito mais heterogênea do que eu imaginava, embora as crianças viessem do mesmo tipo de escola. Passei a conhecer meus alunos e a perceber que alguns já estavam alfabetizados, enquanto outros – a grande parte – mal escreviam o nome. Este se tornou o meu maior desafio, isto é, conhecer as crianças para propor atividades nas quais todas pudessem aprender.

O fato de os alunos terem vindo de escolas comuns e já se conhecerem, me ajudou a conhecê-los melhor enquanto estavam participando das atividades propostas e em constante interação. Eu os via, os ouvia, conversava com eles e, pouco a pouco, pude apreender suas características e individualidades, seus interesses e aprendizagens, suas histórias...

Professora Silvia, 2º ano do ensino fundamental

Hoje, como professores, entendemos que para alcançar o objetivo educacional de ensinar todas as crianças devemos mudar a forma de ensinar, e isso só é possível se aprendermos a refletir sobre nossa prática em sala de aula. Rever como ensinamos, como planejamos a aula, como os alunos respondem ao nosso "jeito" de ensinar é fundamental para desenvolver e aperfeiçoar nossa capacidade docente[1].

Com base nessa idéia e em nossa experiência, gostaríamos de compartilhar com você algumas orientações que ajudam o processo de desenvolvimento profissional, aperfeiçoamento e mudança em direção a práticas de ensino cada vez mais inclusivas.

Para entender a diversidade existente na classe, precisamos aprender a conhecer *cada* aluno e identificar individualmente seus estilos de aprendizagem. Para o docente, *aprender a aprender é muito importante numa sala inclusiva*.

Para os docentes comprometidos com a inclusão, o que interessa mesmo é fazer que as crianças, os jovens e os adultos na classe, especialmente aqueles que encontram menos oportunidade de aprendizagem e de participação nas atividades, possam experimentar o sucesso. E isso depende de conhecermos cada estudante individualmente: seus interesses e *hobbies*, suas características de aprendizagem etc., informações com base nas quais planejamos a aula.

Mas como aprender sobre os estudantes? Vejamos uma estratégia inicial, que consiste em *mapear a sala de aula*.

---

1 Sugestão de leitura:
Alarcão, Isabel. *Professores reflexivos em uma escola reflexiva.* São Paulo: Cortez, 2003. (Série Questões da Nossa Época, 104).
Périssé, Paulo M. *O educador aprendedor.* São Paulo: Cortez, 2004. (Série Questões da Nossa Época, 118).

■ Observar, conhecer e aprender o estilo de aprendizagem de cada aluno

ESTRATÉGIA ■ MAPEAR A SALA DE AULA

OBJETIVOS

Por meio do desenho (mapa) da sala de aula, identificar as características individuais de aprendizagem, refletir sobre o que você conhece dos estudantes e tomar consciência da extensão e dos possíveis limites desse conhecimento. O mapa também ajuda o docente a rever a organização da sala de aula e a identificar os recursos disponíveis nesse espaço educativo, para apoiar a aprendizagem de todos os estudantes, em especial dos que encontram barreiras para ter acesso aos conteúdos curriculares.

PROCEDIMENTO

Desenhar de maneira simples a sala de aula, buscando representar da forma mais fiel possível o que se lembra acerca de sua estrutura (disposição física das carteiras, recursos disponíveis, lugar de cada aluno etc.). Após localizar os estudantes na sala, tentar lembrar o nome de cada um e identificar suas características de aprendizagem, listando-as (habilidades, necessidades, ▶

> estilo de comportamento etc.). Os dados são anotados ao lado do nome do estudante.
>
> É necessário observar que o desenho em si não tem a menor importância, por isso não precisa ser bonito nem bem-feito. O que importa, de fato, são as informações contidas no mapa. Quanto maior ele for, melhor, pois fica mais fácil anotar os dados sobre os estudantes, mas ele pode ser desenhado em uma folha A4 sem dificuldade.
>
> Para subsidiar esta estratégia, leia o material que trata de currículo e diferenciação curricular nos **ANEXOS 4** e **5**. Outras estratégias de mapeamento são apresentadas no **ANEXO 6**.

Observando a turma e registrando

PARA REFLETIR SOBRE a prática de ensino em sala de aula é necessário não perder de vista os fatos acontecidos na classe. Para isso, devemos sempre registrar os dados relevantes e as ocorrências específicas ao final de cada aula. Pode parecer que isso toma tempo ou envolve muitos detalhes, mas não é verdade. Para aprender a tomar notas do que é de fato relevante para apoiar cada aluno na sala de aula, o docente deve apenas iniciar as anotações de forma regular e sistemática – e aprender fazendo...

Quando a professora já mapeou a sala de aula – os alunos e suas características individuais –, fica fácil fazer um registro de informações importantes para o planejamento da aula e do ensino levando em conta cada estudante. O registro deve conter dados como:

- pontos fortes de alguns alunos e pontos fracos de outros;
- comportamentos que se modificaram em determinados contextos;
- alunos que podem atuar como recursos em contextos ou atividades específicas (por exemplo, um aluno bom em matemática

pode apoiar colegas que enfrentam dificuldades para entender ou resolver algum problema).

A releitura periódica (uma ou duas vezes por mês) desses registros permite rever a preparação da aula e o comportamento dos alunos durante as atividades propostas (se participaram, entenderam, aprenderam e apoiaram-se). Permite também avaliar se o modo como a aula foi organizada ajudou na adequação dos conteúdos curriculares à realidade da turma, ou seja, se eles tiveram ressonância na vida das crianças.

> *A rotina de observação tem me levado a refletir e a procurar respostas às muitas questões que surgem. Além disso, para encontrar respostas tenho lido mais, estudado e conversado com outros professores, assim como tenho revisto o que vem sendo feito em sala de aula.*
>
> Professora Lúcia Maria, 3º ano do ensino fundamental

O primeiro passo importante para conhecer os estudantes é conhecer as experiências e os conhecimentos prévios que eles trazem para a sala de aula.

> *Todas as vezes que proponho um novo conteúdo à classe, coloco o tema da aula em discussão fazendo perguntas gerais para aquecer a turma com relação ao assunto com o qual vamos trabalhar. Peço que algumas crianças que, em geral, participam pouco ofereçam contribuições e procuro identificar os conhecimentos prévios de cada estudante acerca do tema.*
>
> *Com isso fica mais fácil propor atividades que contemplem os diferentes conhecimentos de cada um. Mas, para que tudo isso realmente pudesse acontecer, acabei criando o "hábito" de obser-*

var a classe, ouvir cada fala e escrever essas observações. Isso tem me ajudado a programar o dia-a-dia da classe e a perceber as necessidades de aprendizagem de cada estudante.

Professora Gilberta, séries variadas, ensina Educação Artística

A experiência ou o conhecimento prévio do estudante diz respeito aos conceitos ou às habilidades que ele já desenvolveu em relação ao novo tópico, dentro e fora da escola. Saber o que os alunos já conhecem ajuda a decidir por onde começar a ensiná-los. Às vezes, a turma toda apresenta o mesmo nível de informação prévia, e a aprendizagem na sala pode começar do mesmo ponto; outras vezes, as experiências e os conhecimentos prévios de alguns estudantes são tão distintos dos da maioria que não é possível começar do mesmo ponto. Nesse caso, é preciso modificar a estratégia de ensino para atender a essas diferenças.

Num contexto de diversidade, o professor que adota a abordagem inclusiva utilizará o conhecimento prévio de um aluno ou grupo para ajudar outros na classe a aprender novas habilidades e conceitos (colaboração na construção do conhecimento coletivo). Isso pode ser feito de várias maneiras:

- criando oportunidades para a realização de mais atividades práticas (exercícios, demonstração, experiência);
- incentivando os alunos a compartilhar suas experiências na classe;
- propondo perguntas ou fornecendo informações;
- alocando um aluno para assumir o papel de líder de seu grupo ou orientando os alunos para que escolham um líder;
- encorajando os estudantes a buscar informação na comunidade e entre familiares etc.

Em resumo, para garantir a participação do estudante que, por motivos diversos, não se encontra no mesmo nível da turma, o professor deve pensar e planejar atividades que o ajudem a superar as barreiras à *sua* aprendizagem.

Uma das maneiras de identificar o que os estudantes já sabem sobre um tema novo – que pode fazer parte da rotina na classe – é o uso da estratégia SQA:

- O que **S**ei?
- O que **Q**uero saber?
- O que **A**prendi?

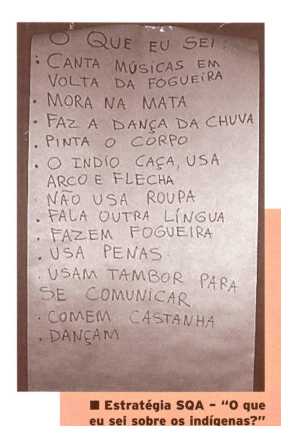

■ **Estratégia SQA – "O que eu sei sobre os indígenas?"**

ESTRATÉGIA ■ SQA

OBJETIVO
Saber dos conhecimentos prévios dos alunos.

PROCEDIMENTO
Levar os estudantes a se perguntar, sempre que estiverem diante de conceitos ou conhecimentos novos:

Questão 1	O que **S**ei sobre este conceito ou tópico?
Questão 2	O que **Q**uero saber sobre este conceito ou tópico? (O que desejo saber? O que me interessa?)
Questão 3	O que **A**prendi sobre este conceito ou tópico?

Os professores costumam usar as primeiras duas perguntas antes do início de uma atividade. Elas possibilitam tanto o levantamento do conhecimento de cada aluno (ou a falta dele) sobre determinado tema como um aquecimento para a atividade. Ou seja, faz que a turma toda tenha a atenção voltada para um tópico curricular específico. Alguns professores usam a terceira pergunta como uma forma de saber o que foi aprendido nas aulas anteriores, a fim de fazer uma revisão dos pontos que não ficaram claros para a classe, para um grupo de alunos ou para um único aluno. A terceira questão pode também ser aplicada após o levantamento dos dados e a realização da atividade propriamente dita, a fim de que tanto o docente como seus alunos possam monitorar a aprendizagem individual. O importante é que todos participam ativamente e suas experiências individuais são valorizadas.

Fonte: Unesco. *Changing teaching practices: using curriculum differentiation to respond to students' diversity*. 2004, p. 22.

Celebrando as produções acadêmicas

OUTRA ESTRATÉGIA QUE CONTRIBUI para a reflexão sobre a prática docente é a *celebração das produções acadêmicas* dos estudantes em um lugar visível da sala. É fundamental dar visibilidade a tudo que foi realizado/produzido na aula por todos, a fim de compartilhar o resultado na produção de um conhecimento coletivo.

Esse momento cria oportunidade para o docente saber o que os alunos aprenderam, conhecer a opinião deles sobre o conteúdo aprendido e descobrir como procuraram solucionar os problemas encontrados nas atividades. Tais informações são valiosas para ser utilizadas como recurso didático na aula, tornando-a mais investigativa e interessante e os alunos mais participantes e curiosos.

A estratégia que chamamos de *tour* é muito útil para propiciar esse tipo de cenário de aprendizagem. O termo sugere um passeio no espaço da classe (ou qualquer outro espaço escolar) durante o qual se "visitam" as produções e realizações dos estudantes em sala de aula: o resultado de seu trabalho é compartilhado.

■ **Trabalho colaborativo e apoio mútuo**

ESTRATÉGIA ■ *TOUR*

OBJETIVOS

Estimular os estudantes a interagir com base nos resultados alcançados. Conhecer a experiência de aprendizagem de cada um dos colegas/alunos e refletir sobre ela. Celebrar as aquisições e realizações de todos. Valorizar as contribuições e participação de cada um.

PROCEDIMENTO

Após a realização das atividades, o professor solicita aos alunos que apresentem as produções individuais ou grupais, afixando-as nas paredes da classe. A classe então se locomove de trabalho em trabalho para conhecer o que foi feito e oferecer comentários construtivos e sugestões relevantes.

Quando o número de alunos é grande, pode-se pedir que a turma se organize em grupos (diferentes dos que trabalharam juntos) para visitar os trabalhos. Cada agrupamento deve ter um número equivalente de alunos. Durante o *tour*, um membro do grupo que participou da realização do trabalho deve apresentar aos colegas o que foi feito em seu grupo e dar oportunidade para que façam perguntas ou comentários.

O professor controla o tempo de "visita" (parada em cada trabalho) – em torno de 5 minutos – e, então, pede que os grupos se dirijam para o trabalho seguinte.

É muito importante que o docente estimule os alunos a falar e, também, aprenda a ouvir suas opiniões constantemente.

> *Quando proponho à classe atividades diferentes, chamamo-nas de "Cantos", ou seja, em cada canto da sala passam a existir diferentes propostas de atividades, desde trabalho com sucata, jogos, reescrita de canções ou parlendas com letras móveis ou dobraduras. As crianças podem escolher a atividade e com quem querem trabalhar. Às vezes, contudo, formo grupos ou pares (ou*

outra configuração de trabalho colaborativo) levando em conta as diferenças individuais e como uma criança pode servir de apoio à aprendizagem de outra naquele contexto em particular. Ao longo do ano, fui descobrindo que esses momentos são preciosos para observar o grupo – tanto cada aluno individualmente como a interação entre os alunos enquanto trabalham. Isso tem me permitido desenvolver e usar alguns critérios para propor diferentes agrupamentos, estimular a participação e o envolvimento de todos, ouvir e discutir com a classe, bem como desenvolver novas atividades.

Professora Regina, 4º ano do ensino fundamental

■ Tour: compartilhando as realizações

Refletindo sobre as próprias práticas

OBSERVAR, CONHECER E APRENDER continuamente (por exemplo, utilizando estratégias como SQA) no contexto da sala de aula, envolvendo a turma *toda,* constitui a base das tomadas de decisão dos docentes sobre o ponto de partida para ensinar seus alunos. Gradualmente, o professor percebe que conhecer o que os estudantes sabem torna-se um dos recursos mais importantes para direcionar o conteúdo curricular e criar diferentes estratégias para abordá-lo em cada aula.

Esse processo investigativo cotidiano da própria prática docente, que também envolve uma avaliação da aprendizagem contínua e colaborativa, capacita o docente a diferenciar o conteúdo curricular conforme o perfil individual de cada estudante, à medida que os conhece e se torna capaz de estabelecer com eles uma relação de aprendizagem.

Para isso, é fundamental desenvolver uma postura reflexiva, investigando a própria forma de trabalhar cotidianamente – em outras palavras, ser capaz de se envolver, querer saber, reconhecer as diferenças, agir, sentir e *procurar saber aquilo que não sabe*.

É preciso estar alerta e abrir-se para novas experiências que possam aperfeiçoar as ações docentes e estimular a pesquisa de novas práticas de ensino – ou seja, correr riscos. É assim, na condição de professores e, ao mesmo tempo, de aprendizes, que conseguiremos garantir a todos os nossos alunos oportunidades diferenciadas e igualitárias para aprender.

A preocupação maior, portanto, não deve centrar-se somente no conteúdo das matérias do currículo, mas *também* nas diversas maneiras de ensinar a criança a pensar e resolver as situações de aprendizagem propostas hoje na escola e amanhã na vida. Em resumo, o conceito de *professor reflexivo* implica:

- desenvolver a capacidade de enxergar os recursos disponíveis na classe, na escola e na comunidade;
- pensar possíveis usos para tais recursos;
- ter a coragem de aplicar sua idéia no contexto da aula;

- verificar – investigar para descobrir – se a idéia deu certo (ou não), o que pode ser mudado, melhorado, reutilizado na aula.

Assim, você deve se perguntar continuamente:

- Minha idéia funcionou?
- As atividades que realizei na classe favoreceram a aprendizagem de todos os alunos?
- O que aprendi como professor hoje?
- Como melhorei minha prática?

ATIVIDADE

Reflita sobre sua prática docente em sala de aula e procure responder:

- Você pensa no que fez depois que a aula termina?
- Você se sente bem com o resultado de seu trabalho?
- Você tem clareza de que a didática usada – as atividades – foi a mais adequada para o que queria atingir?
- Você ouviu seus alunos?
- Seus alunos, em sua opinião, gostaram da aula e participaram?

Após sua reflexão, escreva a seguir:
- O que funcionou bem na sua aula?
- O que precisa mudar?

ATIVIDADE

ANOTAÇÕES

ANOTAÇÕES

SEÇÃO 3

Identificando recursos humanos na sala de aula e na escola para melhorar a qualidade da educação

Quais são os recursos humanos disponíveis na sala de aula para apoiar o desenvolvimento de uma prática inclusiva?
Como posso usar esses recursos para melhorar minha prática como docente?

Na seção anterior vimos que o *aprender* deve fazer parte do dia-a-dia do professor, pois é a aprendizagem contínua no espaço educacional que possibilita o desenvolvimento profissional, por meio de mudanças, transformações e inovações da prática docente.

A vida nas escolas, contudo, tende a estimular o trabalho individual e a encorajar um caminho solitário no qual compartilhar experiências de sucesso não constitui parte da aprendizagem cotidiana. A cultura das escolas desenvolve a crença de que cada professor deve "fazer tudo sozinho", de que ele é o "dono" de sua turma e de que comentários ou tentativas de apoio não são bem-vindas – pior ainda, soam como "críticas"... Assim, com muita freqüência, nós professores nos sentimos sozinhos na jornada de trabalho porque não ficamos à vontade para compartilhar nossas experiências de sala de aula ou pedir apoio a colegas para resolver problemas que surgem.

Nesse contexto, muitas são as barreiras que encontramos cotidianamente na escola e na sala de aula, entre as quais:

- falta de interação ou de tempo para atuar com os demais professores;
- ausência de uma política de colaboração e troca de experiências que ajude a rever regularmente as práticas de ensino e seus resultados;
- falta de recursos materiais para melhor desenvolver a prática docente;
- desarticulação entre as ações docentes e didáticas no mesmo período e também entre os vários períodos da escola;
- falta de um maior compromisso da comunidade para apoiar o processo educacional dos alunos.

Enfim, reconhecemos que são inúmeros os fatores que dificultam o desenvolvimento de uma prática docente mais inclusiva. Também reconhecemos que essas barreiras simbolicamente "crescem de tamanho e aumentam de peso" quando não nos sentimos apoiados em nossas necessidades educacionais. Sim, porque também temos necessidades educacionais, se considerarmos que somos igualmente aprendizes que fazem do cotidiano na escola e na sala de aula um espaço de aprendizagem e aquisição de conhecimentos relevantes.

Em geral, os cursos de educação continuada (comumente chamados de cursos de formação de professores[2]) estão "prontos", isto é,

---

2 Sugestão de leitura:

FERREIRA, Windyz B. "Inclusão *x* exclusão no Brasil: reflexões sobre a formação docente dez anos após Salamanca". In: RODRIGUES, David (org.). *Inclusão e educação: doze olhares sobre educação inclusiva.* São Paulo: Summus, 2006, pp. 211-38.

possuem uma programação fechada que desconsidera a experiência docente dos participantes. Contudo, cursos ou atividades de aperfeiçoamento docente que tenham como foco e ponto de partida a docência dos próprios professores participantes favoreceriam o desenvolvimento profissional. Ao ver sua experiência contemplada, o professor se sente valorizado e, conseqüentemente, mais motivado a "tentar" aplicar o que aprendeu e a contribuir para o crescimento do grupo, conforme as palavras dos próprios docentes:

> *O professor não deve ter medo de valorizar sua prática e ter como exercício constante destacar os aspectos positivos que envolvem o ser docente, buscando desta forma sempre crescer na unidade escolar.*
>
> Professora Silvia, 5º ano do ensino fundamental

> *Estes encontros têm sido para mim como uma injeção de ânimo e incentivo para trazer o novo e o esquecido para a sala de aula novamente. Estar aqui falando sobre a prática em sala de aula me fez lembrar de mim quando – há uns dez anos – eu entendi que deixei de tentar coisas novas e me sentir motivada com a aprendizagem de meus alunos.*
>
> Professora Lucimara, 2º ano do ensino fundamental

> *Ouvir as diferentes experiências de sala de aula de professores aqui no curso está permitindo que eu reflita sobre minha prática, assim como também tem proporcionado um planejamento de atividades mais calcadas na realidade da classe, pois a reflexão ao final do dia de trabalho (de aula) é maior e mais clara.*
>
> Professora Josefa, 6º ano do ensino fundamental

Esses depoimentos são um exemplo de muitas outras opiniões semelhantes, expressas ao longo de inúmeros trabalhos de aperfeiçoamento de docentes, e indicam que é fundamental para o professor encontrar nas escolas espaços propícios para compartilhar suas práticas, ouvir as experiências (de sucesso ou frustrantes) de colegas e aprender a refletir sobre a própria ação pedagógica. É nesse processo de interação e reflexão que nós docentes aprendemos:

- formas diferentes e inovadoras de ensinar o conteúdo curricular;
- a interagir de maneira mais saudável e construtiva tanto na escola como na sala de aula;
- a reconhecer a importância do ambiente e do clima na sala de aula na aprendizagem de cada estudante;
- a importância de aprender cotidianamente com os colegas professores e os estudantes;
- a importância de compartilhar continuamente nossa aprendizagem com colegas e parceiros.

■ **Espaços propícios para o aluno compartilhar suas práticas, ouvir seus colegas, contar suas experiências**

Para isso, é necessário estar abertos e atentos para as experiências ricas que se realizam todos os dias nas escolas. Precisamos aprender a enxergar os recursos para o nosso aperfeiçoamento onde quer que eles estejam. Devemos, então, nos perguntar sempre:

- Quais são os recursos disponíveis na sala de aula?
- Como posso usá-los em favor da aprendizagem de todos os meus alunos?

Na verdade, tudo na sala de aula pode ser visto como um recurso e transformar-se em um instrumento de trabalho valioso para o professor. Trata-se apenas de identificá-los e decidir se e quando devem ser utilizados. Por exemplo:

- Como posso usar o ritmo da aula (alunos ou grupos que terminam a tarefa antes dos outros, turma agitada ou lenta etc.) para atingir determinado objetivo educacional?
- Como fazer parceria com os alunos que têm habilidades ou conhecimentos específicos (que eu como professor não tenho) para que eles, durante a aula, assumam meu lugar em alguns contextos de aprendizagem?
- Como posso usar a minha entonação para envolver os alunos em determinada tarefa? E para criar expectativa, curiosidade, interesse pelo tema a ser abordado?

No **ANEXO 5**, você encontrará informações e orientações ricas sobre como inovar na sala de aula. No **ANEXO 7**, poderá aprender a planejar as aulas enfatizando a inclusão.

ATIVIDADE

Reflita sobre os recursos que você utiliza e como os utiliza. Anote aqui como melhorar a identificação e utilização dos recursos existentes na sala de aula.

A linguagem da prática

NOSSA EXPERIÊNCIA nos mostrou que qualquer ação de formação de docentes deve ser construída com base nas vivências reais de prática de ensino na sala de aula. Aprender a teoria em um curso para depois aplicá-la na sala de aula quando estamos sozinhos na escola e temos de tomar decisões é muito diferente de aprender uma nova abordagem teórico-didática aplicada à nossa experiência.

Aprendemos que "falar" de nossas experiências de sala de aula no processo de ensino e aprendizagem – o que fizemos, por que fizemos e quais foram os resultados – com colegas professores e educadores ajuda a melhorar nossas práticas de forma regular e sistemática. Para isso, precisamos desenvolver uma *linguagem da prática*, ou seja, uma "fala" repleta de descrições detalhadas do que acontece na sala de aula:

- Como planejei a aula?
- Como ministrei a aula? Que atividades realizei?
- Quantas atividades organizei *ao mesmo tempo* (simultaneamente para grupos distintos) sobre o tópico abordado?
- O que fiz e por que escolhi usar determinado "jeito" de realizar as atividades?
- Como os estudantes estavam organizados para realizar a atividade (em grupos, individualmente, em duplas)?
- Como participaram (ou não) das atividades?
- Quem participou mais, menos, ou não participou?
- Quem realizou (ou não) a atividade proposta com sucesso?
- Como avaliei a aprendizagem?
- Como criei oportunidades de participação para todas as crianças?

A linguagem da prática é descritiva e detalhista porque requer que se busquem informações sobre o que foi abordado na classe e como foi abordado. Vejamos alguns exemplos de fala docente:

> *Estava ensinando solubilidade dos líquidos. Na primeira aula perguntei aos alunos o que era solúvel em água. Não? Nada? Alguém quer tentar? Dar um chute? Uma aluna respondeu: "Solubilidade veio do 'sol'". Aí eu mudei a pergunta: "O que a gente conhece sobre substâncias que se dissolvem na água?" Depois expliquei o que era solubilidade e dei alguns exemplos fáceis. Depois eles copiaram do quadro informações relevantes.*
>
> Professor Daniel, 9º ano do ensino fundamental

Essa descrição fornece somente uma idéia vaga do que aconteceu na classe naquela aula – a única coisa clara é que os alunos não estavam entendendo a pergunta, como o próprio professor percebeu depois de alguns minutos.

No próximo relato, a linguagem da prática está mais presente na fala da professora e nos ajuda a visualizar um pouco melhor a classe, o ritmo da aula e o que aconteceu:

> *Tenho 40 alunos na minha turma de 6º ano. Minha classe não é suficientemente grande para permitir uma circulação fácil. Meus alunos não têm problema de alfabetização, mas têm de ortografia. O assunto da aula era animais vertebrados e decidi trabalhar com o tema PEIXES. Escrevi PEIXE no quadro. Queria ver como a coisa ia funcionar com a estratégia SQA... Coloquei, embaixo da palavra PEIXE, as questões:*
> *O que sei sobre PEIXES?*
> *O que eu gostaria de saber sobre PEIXES?*

Para minha surpresa, todos participaram, até mesmo os alunos que geralmente são dispersos. Cada um foi falando enquanto eu escrevia no quadro as respostas.

Professora Lucíola – 6º ano do ensino fundamental

Esse ainda breve relato, porque oferece um pouco mais de detalhe sobre a aula, gradualmente nos leva a construir uma imagem mental da classe funcionando com base nas ações do docente. Se tivéssemos mais dados sobre o que aconteceu nas etapas seguintes da aula, seríamos capazes de refletir de forma mais acurada sobre a prática de ensino.

Os dois exemplos, todavia, servem para nos ajudar a compreender como a linguagem da prática pode incentivar o professor a aprender em parceria, por meio da reflexão.

Em ações de formação docente, enfatizar a linguagem da prática, em vez da teoria que subsidia a ação pedagógica nas escolas/salas de aula, estimula o interesse do professor e a compreensão do conteúdo que está sendo trabalhado, pois essa é uma linguagem que ele entende.

ATIVIDADE

Exercite sua linguagem da prática.

Descreva na página seguinte, com detalhes, uma aula sua que você acha que "deu certo", ou seja, os alunos gostaram e aprenderam bem. Use as perguntas da página 53 para orientar sua reflexão e o desenvolvimento da linguagem da prática.

ATIVIDADE

ANOTAÇÕES

ANOTAÇÕES

SEÇÃO 4

Colaboração na sala de aula: como utilizar os recursos disponíveis com eficiência

Como posso promover a colaboração na sala de aula? Por que e para quê?

Apesar de todos os obstáculos e barreiras que tendem a nos imobilizar, o dia-a-dia na escola oferece várias oportunidades de experimentar práticas mais inovadoras, colaborativas e participativas na sala de aula, que fazem do aluno um ativo parceiro do professor.

Uma sala de aula colaborativa

A REFLEXÃO sobre como criar um ambiente que leve os estudantes a se sentir bem-vindos na escola e na classe e estimulados a trabalhar cooperativamente é parte fundamental do planejamento e do processo de aperfeiçoamento da prática docente. Esse exercício reflexivo traz, para o docente, o desafio de repensar a própria prática de ensino a fim de atender aos pressupostos pedagógicos de uma sala de aula inclusiva, a saber:

- criar na classe um ambiente em que todos se conheçam e se reconheçam como membros do grupo, se respeitem e se valorizem em sua individualidade/diferença;
- promover uma prática pedagógica centrada não no professor, mas nos alunos;
- estimular e promover o compartilhamento do poder de tomada de decisão sobre vários aspectos do processo de ensino e aprendizagem com os estudantes: aprender a negociar questões relativas ao que acontece na classe.

Em uma sala de aula cujos membros colaboram mutuamente para a realização de tarefas e para o desenvolvimento uns dos outros, as relações contribuem para a melhoria da aprendizagem de todos. Nesse caso, não faz a menor diferença se um aluno tem mais ou menos facilidade ou dificuldade para realizar uma tarefa escolar.

Isso acontece, naturalmente, porque os objetivos da aprendizagem se tornam comuns. Quando cada estudante se vê como um colaborador do outro e assume a responsabilidade pela aprendizagem de todos na classe, cria-se uma rede de apoio mútuo que favorece a performance educacional de todos. Isso beneficia especialmente os que encontram mais ou maiores barreiras para aprender: os estudantes mais vulneráveis ao fracasso escolar.

Assim, buscar estratégias que aumentem e garantam oportunidades de aprendizagem colaborativa para todos na classe constitui um recurso muito importante e necessário para direcionar o planejamento da aula. Ao preparar cada aula, portanto, o docente deve ter em mente as seguintes questões:

- Como criar estratégias de colaboração entre os alunos?

- Como aumentar as oportunidades de troca e apoio mútuo na sala de aula?
- Como promover atividades que criem interdependência entre os alunos num mesmo grupo?

Conforme a atividade realizada por uma professora de 2º ano que, como ela própria disse, se "reencantou" com a docência:

> *O clima na sala é de interação. As crianças conversam em seus grupos, mas não gritam nem saem do seu lugar. As paredes da sala estão repletas de trabalhos produzidos pelas crianças. A professora vai a cada grupo e distribui pedaços de sílabas recortadas. Distribui tarefas distintas a cada grupo sobre o mesmo assunto: A DENGUE. A professora pede que os alunos distribuam entre si as seguintes tarefas para realizar a atividade proposta: desenhar, escrever, formar o cartaz e montar a frase relativa à tarefa do grupo com os recortes de sílabas.*
>
> *Enquanto os alunos conversam sobre o tema, a professora escreve na lousa as frases abaixo e diz: "Olhem para o quadro e descubram o título de seu trabalho".*
>
> *1. História do Aedes aegypti.*
> *2. Qual a causa da dengue?*
> *3. Onde os mosquitos gostam de ficar?*
> *4. Quais são os sintomas da doença?*
>
> *A professora vai para a frente da sala e anuncia: "Agora vamos ver o que cada grupo vai fazer. Quem pegou a primeira frase?" E assim por diante.*
>
> *Os grupos trabalhavam ativa e concentradamente porque a ta-*

refa de cada membro do grupo era importante para a realização da atividade proposta pela professora. Da mesma forma, a soma das produções de cada grupo contribuiu para a construção do conhecimento coletivo sobre a dengue.

■ **Planejando com colegas uma aula colaborativa**

Essa experiência revela que, embora o assunto fosse o mesmo, a professora *diferenciou* o conteúdo curricular, conforme estratégia apresentada abaixo. Em apenas uma aula, ela abordou diversos temas secundários ligados ao tema central da dengue por meio da distribuição de atividades diferentes a cada grupo. Além disso, criou uma interdependência entre as tarefas dos membros de cada grupo, o que os obrigou a trabalhar colaborativamente, senão não teriam como finalizar a tarefa pedida pela professora.

Outra estratégia que pode ser utilizada para abordar diferenciadamente conteúdos curriculares correlatos ligados a um mesmo tema central é a do mapa da mente.

ESTRATÉGIA ■ MAPA DA MENTE

O professor apresenta uma palavra ou conceito-chave relacionado ao tópico curricular (escrevendo-a no quadro ou numa tira de papel afixada em lugar visível). A seguir, organiza grupos (por exemplo, de cinco alunos) e distribui uma folha A4 para que cada grupo escreva a palavra-chave no centro. Na mesma folha, o professor pede que cada aluno de cada grupo desenhe uma linha reta com base na palavra-chave e escreva, ao final da linha, uma nova palavra (sempre diferente da dos colegas) relacionada àquele tópico central. (Caso alguma criança tenha dificuldade em expressar sua contribuição oralmente, o professor pode ter à mão alguns desenhos ou palavras recortadas para que a criança escolha uma e a cole no quadro.) As novas palavras se tornam palavras-chave, e o processo se repete mais uma vez.

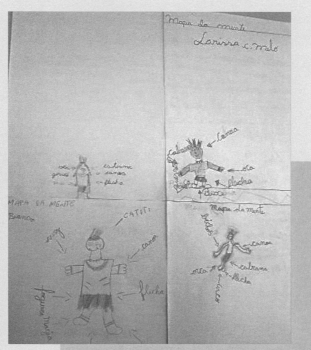

■ Mapa da mente

▶ O professor, então, pede que os alunos olhem para o quadro e digam o que gostariam de saber sobre aquele tópico. As crianças são estimuladas a fazer perguntas, as quais são listadas por escrito. Essas palavras e idéias podem ser usadas para atividades orais (discussão, reorganização das palavras, leitura, elaboração de perguntas e respostas dirigidas uns aos outros etc.) ou escritas (cópia, produção coletiva de texto, produção de um desenho ou de um painel em conjunto etc.). Esse tipo de atividade também favorece a participação de outros membros da comunidade fora da sala de aula.

PROMOVER A PARTICIPAÇÃO É FUNDAMENTAL

Além de ser uma atividade bem dinâmica, para a qual todos contribuem, o mapa da mente é também uma forma simples e extremamente participativa de coletar informações dos alunos (conhecimento prévio) para o planejamento das aulas. Participação é fundamental. É importante lembrar que todo estudante deve participar de todas as atividades, por isso o professor deve estar atento e pedir apoio e contribuições àqueles que regularmente tendem a não participar. Ninguém deve "ficar de fora", e isso é responsabilidade do docente.

AS OPORTUNIDADES DEVEM SER IGUALITÁRIAS

Existe uma tendência nas comunidades escolares – e principalmente nos docentes – de esperar muito de estudantes que são considerados bons. Com isso, os "melhores alunos" tendem a ser premiados por seu sucesso. Tais expectativas geralmente se baseiam no nível de habilidade e nas características individuais dos alunos. O problema é que essa é uma prática discriminatória, porque os estudantes tidos como "menos habilidosos" acabam encontrando menos oportunidades de participação e aprendizagem, uma vez que sua contribuição é pouco esperada. Essa experiência conduz à falta de motivação, à baixa auto-estima, ao desinteresse pelos trabalhos e, com alta probabilidade, pode levar ao fracasso escolar.

Expectativa alta não significa esperar *o mesmo* de todos os estudantes. Significa que o professor deve estabelecer, *junto com cada aluno*, objetivos apropriados para seu nível, que permitam sua contribuição na aula e na realização de tarefas. Também significa ajudar esses estudantes a estabelecer para si novas expectativas e níveis graduais de exigência, o que, por sua vez, vai ensiná-los a apoiar os colegas e o professor para que também atinjam seus objetivos.

DE DOCENTE PARA DOCENTE • 65

ATIVIDADE

Reflita: na hora de solicitar um estudante para realizar uma atividade na classe, você sempre recorre àquele que realiza bem a tarefa – ler, escrever no quadro, fazer uma conta, responder a uma pergunta?

ESTRATÉGIA ■ DIFERENCIAR O CONTEÚDO CURRICULAR

OBJETIVOS
Compreender o conceito de diferenciação curricular (*veja* **ANEXO 5**) e aprender a utilizar maneiras distintas de apresentar o conteúdo a ser trabalhado na classe para aumentar as oportunidades de participação nas atividades propostas. Inovar o método de ensino e de aprendizagem utilizado nas aulas, saindo do lugar-comum de quadro e giz, da leitura silenciosa e da cópia. Aprender a desenvolver novas formas de avaliação dos resultados.

PROCEDIMENTO
Cada grupo deve escolher um conteúdo curricular com base na negociação entre seus componentes. Use a estratégia do mapa da mente, descrita acima, para levantar o conhecimento prévio existente em cada grupo e para assegurar que todas as áreas levantadas sejam igualmente exploradas. Professor e alunos devem buscar informações adicionais em outras fontes (livros, revistas, entrevistas etc.).

▶ Planejar uma semana de atividades com base no mapa da mente. Os grupos podem ser convidados a oferecer ao professor um plano de estudos sobre os tópicos relacionados, assim como as atividades que gostariam de realizar (este é um bom exemplo de compartilhamento de poder entre docente e alunos). Os grupos devem ser orientados a contemplar o uso das paredes da sala de aula, construir quadros e distribuir tarefas entre os participantes de forma que ninguém fique de fora.

Inúmeras atividades diferentes podem ser planejadas para as aulas seguintes e para ser trabalhadas *ao mesmo tempo*, ou seja, *na mesma aula por grupos diferentes*, conforme exemplo abaixo:

Atividades para ser trabalhadas com um conteúdo curricular de Português:

• Recorte de palavras (Grupo 1)	• Competição com mímica (Grupo 4)
• Montagem de muro (Grupo 2)	• Pesquisa (Grupo 5)
• Debate (Grupo 3)	• Aula expositiva (todos os grupos)

Atividades para conteúdos de disciplina na área de Conhecimentos Gerais:

• Elaboração de texto coletivo	• Desenhos
• Entrevista com alguém que pode oferecer subsídios	• Maquete com estruturas pertinentes (p. ex., relevo, mapa)
• Leituras de material atual	• SQA sobre o que aprenderam
• Pesquisa	• Elaboração de texto coletivo

Atividades para conteúdos curriculares na área de relações sociais na classe:

▶

• Criação de um boneco de cada criança	• Introdução do tema de gênero e diferenças físicas
• Ajuda ao grupo para estabelecer a personalidade de cada criança (características pessoais)	• SQA sobre o que aprenderam
• Comparação de diferenças e semelhanças	• Criação de uma música para ser cantada em grupo

O importante no exemplo da professora acima é perceber que o modelo de aula tradicional – "um conteúdo curricular que é abordado da mesma forma para todos os estudantes na sala por meio de atividades centradas no professor do tipo: aula expositiva, cópia a partir de um texto escrito no quadro ou ditado, leitura individual" – não funciona mais no contexto de sala de aula das escolas brasileiras, onde as crianças têm interesses e experiências diversos e gostam de atividades dinâmicas.

Numa sala de aula inclusiva, portanto, o professor precisa aprender a identificar os recursos que são oferecidos pelos alunos e a lidar com a diversidade de forma criativa, isto é, inovando o estilo da aula para atingir a todas as crianças e, assim, garantir a participação ativa na aula e nas atividades propostas. Em nossas aulas, pudemos observar que o tempo dentro da classe deixa de ser um problema, já que todos os estudantes estão envolvidos em atividades e nem sentem o tempo passar. Em uma turma de 3º ano do ensino fundamental, presenciamos uma manifestação absolutamente inesperada por parte dos alunos: o sinal para o intervalo tocou e houve um murmúrio geral da sala, de pena de interromper a atividade.

O papel do aluno no processo colaborativo

UM PONTO FUNDAMENTAL para o desenvolvimento de uma cultura colaborativa na sala de aula é buscar formas de mostrar ao estudante que ele é muito importante para o professor e seus colegas. É para eles e por eles que a escola existe e a aprendizagem está sendo construída.

Colocado de forma mais simples, tudo que acontece na classe tem uma finalidade: ajudar o aluno a adquirir conhecimentos que lhe serão úteis na escola e na vida.

Quando cada aluno entende que toda ação na sala de aula está voltada para o seu desenvolvimento, ele passa a se compreender como um *sujeito de direito* que tem valor. Conseqüentemente, passa a assumir responsabilidades tanto em seu processo de aprendizagem, como no de seus colegas. Portanto, a construção de uma atitude colaborativa na classe implica ajudar cada aluno a desenvolver uma imagem positiva de si mesmo – requisito essencial para atingir a participação de todos.

> *Para criar uma cultura de colaboração na minha sala de aula comecei com um esforço individualizado com cada criança. Promovi sistematicamente a ampliação das relações de amizade dentro do grupo da sala e explorei inúmeras situações que envolvessem convivência e apoio. Para que isso acontecesse adotei como regras três princípios de relação humana: (1) Eu sou alguém; (2) Eu respeito os outros; (3) Eu quero que os outros me respeitem e me ouçam. Foi fazendo este convite aos alunos e utilizando estratégias inclusivas (por exemplo, SQA, mapa da sala, pesquisas, entrevistas) que levassem à participação de todos que percebi a importância da colaboração e cooperação. Os resultados obtidos foram maravilhosos e envolveram aprendizagens tais como:*

- *os valores individuais se destacam quando o grupo funciona;*
- *há uma participação maior de todos no grupo;*
- *o número de faltas às aulas diminuiu significativamente;*
- *colaborando, os alunos adquirem valores, aprendem a fazer escolhas e a respeitar as escolhas dos outros;*
- *as regras tornam-se facilitadores de disciplina.*

Professora Jussara, 4º ano do ensino fundamental

No processo de construir uma sala de aula inclusiva, aprendemos que essa nova forma de ensinar justifica, facilita e modifica todo o processo de aprender dos estudantes, que então se tornam verdadeiros colaboradores e parceiros do professor e entre si.

> A colaboração *aumenta a participação, diminui a exclusão* nas atividades de classe e, dessa maneira, amplia as oportunidades de aprendizagem igualitária para todos.

É exatamente no processo de buscar novas formas de ensinar que o professor passa a entender que os estilos de aprendizagem de seus alunos constituem um dos recursos mais importantes para aperfeiçoar sua prática docente. Dessa forma, quando propõe uma atividade à classe, o ponto de partida deve ser uma pesquisa dos *conhecimentos prévios dos alunos* sobre o tema em questão, levando-se em conta os conteúdos curriculares programados para essa série. No decorrer da atividade sempre aparecem dúvidas ou contribuições que, compartilhadas e discutidas, enriquecem a aula.

Quando propus o tema CORPO HUMANO, *alguns estudantes não sabiam o que era. Então, perguntei à classe o que era um* CORPO

HUMANO e fui registrando na lousa as hipóteses que surgiram. Propus uma pesquisa em casa e, com base no material trazido para a sala, as atividades posteriores foram sendo planejadas gradualmente, mas sempre levando em conta o que cada um trazia de contribuição. É interessante aprender que a dinâmica que se estabelece na sala aponta os caminhos para a continuidade do desenvolvimento do tema proposto, bem como contribui para o surgimento de novas propostas de atividades.

Professora Julia, 2º ano do ensino fundamental

Essa forma de atuação é favorecida quando o professor, como coordenador e organizador de situações de intercâmbio e de colaboração na classe, permite a troca de informações e encoraja as discussões produtivas e solidárias entre os alunos, possibilitando que uns aprendam com os outros.

Embora haja obstáculos difíceis de superar, muitos deles são resultado de nossas atitudes, isto é, de nossas crenças pessoais. Por isso é importante também, além de incentivar a cooperação entre os alunos, contar com a colaboração de outros colegas docentes, dentro e fora da escola (os recursos tecnológicos oferecidos hoje pela internet são uma grande vantagem nesse sentido). Esse tipo de interação ajuda o docente a encontrar soluções para os problemas que surgem. Enfim, compartilhar experiências, sobretudo com seus alunos, pode contribuir muito para o seu desenvolvimento e aperfeiçoamento profissional.

No **ANEXO 8**, você encontrará mais informações e orientações sobre a colaboração na sala de aula. No **ANEXO 9**, poderá entender melhor a aprendizagem colaborativa.

ATIVIDADE

Agora reflita sobre a sua prática a cada aula e responda:
- Todos os seus alunos se conhecem?
- Todos se respeitam em suas diferenças?
- Todos se sentem parte do grupo da classe?
- Você compartilha seu "poder" com seus alunos?
- Você estimula a negociação das atividades com eles?

ANOTAÇÕES

SEÇÃO 5

Avaliação para tornar a sala de aula mais inclusiva

O que é avaliar em uma sala em que se trabalha com todos os estudantes?
Como, por que e para que avaliar?

A palavra "avaliação" sempre me trouxe certo desconforto durante a vida escolar como aluna. Acho que, por isso, quando me tornei professora, tinha inicialmente dúvidas sobre como utilizar a avaliação na classe. "Qual será a melhor forma de avaliar meus alunos?", me perguntava com freqüência.
                    Professora Luciana, 5º ano do ensino fundamental

Como sabemos, no contexto da educação inclusiva, a avaliação é um tema polêmico, mas não podemos ignorá-lo quando tratamos de práticas de ensino para responder à diversidade na sala de aula.

A avaliação da performance de cada estudante é fundamental para que o docente e o próprio aluno possam acompanhar o progresso da aprendizagem. Nesse sentido, avaliar não significa apenas realizar provas e dar notas ou conceitos em determinado dia do ano letivo. Significa, mais do que isso, levantar continuamente dados sobre o desempenho acadêmico do aluno durante sua escolarização.

Em uma escola que adote a orientação inclusiva, a avaliação constitui um processo no qual o docente orquestra a parceria com os estudantes, assume e delega responsabilidades e busca superar os desafios à sua frente.

Esta seção tem como foco o processo de avaliação da performance dos educandos e como esse procedimento educacional deve ser conduzido pelos docentes que orientam sua prática pelo princípio da inclusão.

O que sabemos sobre a avaliação convencional

A AVALIAÇÃO DE DESEMPENHO geralmente é individual e consiste num procedimento isolado no contexto educacional. Isto é, acontece em determinados períodos do ano (por exemplo, mensalmente ou a cada dois meses) e mediante atividades realizadas em sala de aula, distantes, em geral, da realidade na qual o estudante está inserto. Tais atividades normalmente se restringem a provas escritas (sempre a mesma para todos os alunos) cujo objetivo é mapear o "rendimento" de cada um quanto à aprendizagem dos conteúdos curriculares ensinados durante o período.

Em tal processo avaliativo, a relação docente–aluno é desigual, pois é o professor quem propõe (decide) o que avaliar e que procedimento usar na avaliação. É essa relação de poder entre o docente e os educandos que caracteriza a experiência escolar cotidiana, na qual não se incentiva a troca de idéias entre quem ensina e quem aprende. Cristalizou-se assim a cultura de que a avaliação é um instrumento de trabalho de *uso exclusivo do docente*, da qual os alunos não participam.

Numa escola inclusiva, contudo, a concepção de avaliação se baseia em pressupostos totalmente distintos. Vejamos quais são eles.

A avaliação numa classe voltada para a inclusão

O princípio da inclusão orienta que o processo avaliativo deve ser participativo e contínuo: professor e alunos são co-responsáveis. O objetivo inicial e final da avaliação é acompanhar a performance de cada estudante individualmente, visando eliminar barreiras ao sucesso escolar.

NA SALA DE AULA inclusiva, a avaliação ganha uma dimensão colaborativa. Tal abordagem permite obter informações sobre os alunos que antes não eram consideradas relevantes, como as habilidades de cada um e o que realmente sabem fazer. O docente obtém esses dados mediante um processo avaliativo sistemático durante a aula, à medida que as crianças:

- participam das atividades propostas em seus grupos;
- falam umas com as outras ou respondem a questões;
- trocam idéias com os colegas;
- resolvem problemas;
- elaboram registros de acordo com seus estilos de aprendizagem;
- colaboram para a construção do seu saber e do de seus colegas.

Durante todas as atividades realizadas em classe, o professor deve estar atento à dinâmica da turma e colher informações sobre a performance de cada aluno, com base em observação, conversas, perguntas, desafios propostos e avaliação conjunta de como a aprendizagem está se desenvolvendo. Ao mesmo tempo, o docente deve pensar em como usar as informações obtidas para intervir no planejamento da disciplina e no plano de aula, a fim de garantir que todos os alunos sejam atendidos nas suas necessidades.

Colocado de forma mais simples, é preciso realizar a avaliação contínua e participativa para que as situações de aprendizagem apresentadas na escola e na sala de aula tenham êxito. É com base no processo avaliativo que o professor, como coordenador e pesquisador da própria prática na classe, deve refletir, avaliar e replanejar cada nova situação de aprendizagem.

Eis alguns tipos comuns de avaliação desenvolvidos com base na diferenciação curricular:

- *Observação de aluno.* Consiste em anotar/registrar informações relevantes acerca dos estudantes para responder às perguntas: *Como eles são? Como estão aprendendo?*
- *Indicador de nível de entrada.* Refere-se ao ponto em que o estudante deve começar a aprender um conceito ou uma habilidade. Esse ponto é identificado pelo estudante com base no conhecimento e na aprendizagem prévios que ele possui do conteúdo.
- *Análise de erro.* É uma forma sistemática de identificar e analisar padrões de erros que um estudante comete em seu trabalho (por exemplo, troca de letras).
- *Registro sistemático.* Forma usada pelo professor e pelo aluno para acompanhar o progresso e os níveis de entrada do estudante.
- *Avaliação de performance.* Conjunto de tarefas realizadas pelos estudantes para mostrar que entenderam um conceito, adquiriram uma habilidade ou apresentaram determinado comportamento.
- *Portfólio.* Forma sistemática de manter uma coleção de trabalhos realizados com a finalidade de ajudar o estudante e o professor a monitorar o progresso da aprendizagem.
- *Conferências.* Apresentações conduzidas pelos estudantes, que

assumem a responsabilidade de avaliar o próprio progresso por meio do *feedback* do professor e da auto-avaliação[3].

Outros tipos de avaliação podem ser desenvolvidos com a classe, utilizando a estratégia a seguir:

ESTRATÉGIA■ IDENTIFICAR NOVAS FORMAS DE AVALIAÇÃO EM PARCERIA COM OS ALUNOS

OBJETIVO

Obter contribuições de toda a classe para diversificar o processo de *avaliação* na sala de aula.

PROCEDIMENTO

Antes de realizar as atividades, o professor deve se certificar de que todas as crianças sabem claramente o que significa a avaliação. O professor solicita que cada estudante reflita, durante 5 minutos, sobre o significado da avaliação no contexto educacional (tipos, preferências, finalidade etc.) e anote o que pensa em uma folha de papel distribuída para esse fim (se as crianças ainda não sabem escrever, deve-se utilizar outra forma de coletar informações e registrá-las). Após o tempo estipulado, o professor organiza grupos com no máximo cinco estudantes e pede que compartilhem suas reflexões e anotações individuais. Ao final, cada grupo apresenta as formas de avaliação de que mais gosta ou que prefere, explicando por quê. Esses dados servirão como importante recurso para orientar as avaliações realizadas na sala de aula.

Auto-avaliação ativa

ALÉM DA AVALIAÇÃO contínua que o professor deve realizar sobre como ensina e como os alunos aprendem (ou aprenderam) determinado con-

---

3 Unesco, *Changing teaching practices: using curriculum differentiation to respond to student's diversity*, 2004, unidade 4, p.73.

teúdo curricular, na abordagem inclusiva o docente aprende, gradual-mente, que é possível desenvolver o exercício da auto-avaliação ativa com a classe toda. (Note que, quando falamos de auto-avaliação, não nos referimos ao procedimento pontual de fazer o aluno corrigir uma atividade ou prova realizada para verificar seus erros e acertos.) Na auto-avaliação ativa os estudantes são incentivados a pensar sobre sua aprendizagem respondendo a perguntas como:

- O que aprendi hoje?
- O que acho importante sobre o que discutimos hoje na classe?
- Como este novo conhecimento pode me ajudar na minha vida pes-soal ou familiar?

Essas são algumas das questões que podem ajudar os docentes a conhecer o processo de aprendizagem de seus alunos. Conhecendo o de-senvolvimento de cada estudante, podemos avaliar o progresso das ativi-dades propostas na classe e, por meio dessa avaliação conjunta, mudar, se necessário, a forma de organizar as atividades, o ritmo da aula em deter-minados assuntos ou a rotina de funcionamento da classe como um todo.

O ponto-chave aqui é que o professor tenha flexibilidade e aber-tura para examinar, com a ajuda da turma, o que não funcionou na aula e o que pode ser mudado para atender às necessidades de todos os estudantes.

O estudante como recurso no processo de avaliação

EM UM CONTEXTO de avaliação colaborativa, as crianças podem dizer o que sabem ou não sabem, sem ter medo do professor. Nossa experiência mostrou que, quando a criança passa a colaborar sistematicamente na construção do seu saber e a refletir sobre o que sabe, o que aprendeu e o que não sabe, naturalmente se torna mais investigativa e independente com relação à própria aprendizagem. Com essa prática, ela se sente estimulada a buscar mais informações sobre o conteúdo curricular que está sendo ensinado e adquire mais autonomia para buscar soluções para as tarefas propostas. Juntos, todos se empenham ativamente na resolução de problemas e tarefas comuns e sentem prazer com seu novo papel.

O aluno não precisa esconder aquilo que não sabe porque sente vergonha de não saber. Aprende que seus colegas de grupo podem ajudá-lo a ter sucesso na aprendizagem, esteja ele desenhando, recortando, colando, pesquisando ou elaborando um texto. O importante é o sentido de estar construindo algo junto com os colegas, num contexto em que cada um tem um papel e um valor reconhecido e respeitado por todos.

Discutir em conjunto com o professor e os colegas os trabalhos realizados em grupo mostrou ser o melhor instrumento para avaliar a aprendizagem de cada um. Acreditamos hoje que uma sala se torna mais inclusiva quando a avaliação é feita com base no que os alunos fazem e falam, em suas interações e iniciativas, em sua capacidade de resolver problemas e conviver com as diferenças que caracterizam seus perfis de aprendizagem. Uma classe inclusiva é resultado, portanto, de um processo de avaliação dinâmico e contínuo, que acontece a todo momento.

ATIVIDADE

- Você envolve seus alunos no processo de avaliação da aprendizagem deles?
- Como?
- Precisa melhorar?
- Precisa de ajuda?
- O que pode ser feito?
- Quem pode colaborar?

O que melhora com essa forma de avaliação

SEGUNDO OS DOCENTES que experimentaram avaliar sua turma adotando a abordagem inclusiva, as atitudes na classe se tornam menos competitivas e, muitas vezes, são substituídas por um comportamento de cooperação – que inclui também apoio aos alunos com maior dificuldade para aprender. O processo de avaliação participativa e contínua valoriza cada aluno naquilo que ele sabe e naquilo que ainda não sabe, mas aprenderá com o tempo. Como resultado dessa forma de trabalhar, os docentes observaram também que os estudantes:

- adquirem vocabulário e linguagem mais ricos;
- passam a expor suas idéias com mais clareza em propostas textuais;
- desenvolvem melhor compreensão de textos;
- passam a se interessar mais por pesquisas;
- desenvolvem maior capacidade de concentração;
- têm mais facilidade em raciocínio matemático, sobretudo na resolução de problemas;
- desenvolvem convivência prazerosa com os colegas de classe, pois entendem a importância de conhecer e compreender o outro.

A avaliação, portanto, é um *guia para a ação* fundamental para o planejamento do conteúdo curricular, mais do que um instrumento para a "aprovação ou reprovação" dos educandos. Você vai descobrir, ao longo desse caminho, que o exercício contínuo da avaliação facilitará sua tarefa de planejar, de definir aonde quer chegar e de estabelecer seu método de ensino levando em conta as diferenças individuais e os interesses de cada estudante.

ANOTAÇÕES

Para concluir

Chegamos ao fim deste livro nos sentindo realizadas, pois acreditamos que estamos, de fato, contribuindo para o aperfeiçoamento docente.

Nossa experiência revelou que, quando desenvolvemos práticas de ensino inclusivas, redescobrimos nosso valor como docentes e revalorizamos nosso papel como profissionais capazes de transformar a realidade e promover a justiça social, particularmente criando novos espaços de participação de crianças, jovens e adultos que quase nunca têm vez ou voz...

Cada um de nós que aperfeiçoa sua docência se torna *mais um* aliado no crescente movimento de combate à exclusão educacional de crianças, jovens e adultos, que hoje nas escolas são continuamente empurrados para as margens do processo educativo e, no futuro, o serão para a margem da sociedade, sem chance e sem escolha.

Deixamos neste "final de conversa entre docentes" um material complementar que ajudará você a "olhar" a escola como um todo e rever sua cultura, política e prática por intermédio dos indicadores da inclusão, já apresentados.

Faça esta jornada e depois compartilhe suas percepções e aprendizagens. A nós, conte suas experiências e avanços, dúvidas e inseguranças. Nós queremos ouvi-lo e aprender com você. A seus colegas, revele seus sucessos e fracassos, e peça ajuda, sugestões, comentários. Não tenha medo de se expor, porque somente assim você poderá se conscientizar de quanto sabe, de quão significativa e consistente é sua experiência e, paralelamente, de quanto pode ensinar aos seus colegas e ajudá-los. Assim, vamos entrelaçar nossos braços e juntos correr riscos.

Envie seu e-mail para: autoras_dedocente@yahoo.com.br

ANOTAÇÕES

Anexos

ANEXO 1

Contribuições da Unesco para o desenvolvimento de sistemas educacionais e escolas inclusivas

Unesco, *Changing teaching practices: using curriculum differentiation to respond to students' diversity*, 2004
http://unesdoc.unesco.org/images/0013/001365/136583e.pdf

_____, *Declaração de Salamanca*, 1994.
   A tradução para o português pode ser encontrada no seguinte endereço eletrônico:
http://www.direitoshumanos.usp.br/counter/Unesco/texto/texto_2.html

_____, *Declaração mundial sobre educação para todos – Satisfação das necessidades básicas de aprendizagem*, 1990.
   A tradução para o português pode ser encontrada no seguinte endereço eletrônico:
http://www.unesco.org.br/publicacoes/copy_of_pdf/decjomtien

_____, *Guidelines for inclusion: ensuring access to education for ALL*, 2005.
http://unesdoc.unesco.org/images/0014/001402/140224e.pdf

_____, *Open file on inclusive education: support materials for managers and administrators*, 2001.
http://unesdoc.unesco.org/images/0013/001321/132164e.pdf

Unesco; Centre for Studies on Inclusive Education. *Índice de Inclusión – Desarrollando el aprendizaje y la participación en las escuelas*, 2000.
http://www.unesco.cl/medios/biblioteca/documentos/indice_de_inclusion_desarrollando_aprendizaje_participacion_escuelas.pdf

MEC/SEESP, Educar na diversidade — Material de formação docente, 2006.
http://portal.mec.gov.br/seesp/arquivos/pdf/educarnadiversidade2006.pdf

Além dessas publicações a Unesco possui os seguintes sites de interesse:
Unesco: http://www.unesco.org (inglês)
Unesco – Oficina Regional de Educación para América Latina y el Caribe – Escritório Regional de Educação para a América Latina e o Caribe (OREALC): http://www.unesco.cl/port/atematica/educinclusiva/index.act

ANEXO 2

Unesco

Changing teaching practices: using curriculum differentiation to respond to students' diversity
(Mudando as práticas de ensino: usando a diferenciação curricular para atender à diversidade de estudantes)

Até muito recentemente, o sistema educacional não era pensado para levar em conta todas as crianças. O professor era a autoridade máxima na sala de aula, não se falava em gestão participativa e nem se cogitava que o estudante pudesse ter um papel ativo na própria aprendizagem. A sala de aula era "propriedade" do docente, e este tinha o poder de decidir o que acontece nesse espaço. Essa concepção começou a mudar. Conforme já visto no **ANEXO 1**, as contribuições da Unesco são inúmeras. Visando melhorar a qualidade do ensino docente para atender às diferenças existentes na sala de aula em escolas no mundo todo, essa organização publicou, em 2004, o material intitulado *Changing teaching practices: using curriculum differentiation to respond to students' diversity* (Mudando as práticas de ensino: usando a diferenciação curricular para atender à diversidade de estudantes).

O propósito desse material é ajudar os docentes a melhorar e modificar suas práticas de ensino, usando o currículo escolar de forma inovadora com a finalidade de aumentar a participação de seus alunos nas atividades realizadas em classe, além de responder à necessidade de cada estudante.

Assim, tomando como ponto de partida a diversidade humana existente na sala de aula, o material da Unesco propõe estratégias inclusivas de diferenciação curricular que ajudem os docentes a:

- conhecer cada estudante individualmente (necessidades, habilidades, interesses, experiências passadas etc.);
- mapear a sala de aula e identificar necessidades e estilos de aprendizagem específicos de cada estudante;
- planejar as aulas utilizando uma didática que responda às diferenças de estilos de aprendizagem;
- capacitar-se a promover a participação de todos os alunos nas atividades de sala de aula.

O material da Unesco

Tendo como público-alvo o próprio docente, o material adota a linguagem da prática – isto é, a linguagem da escola e da classe – e foi elaborado com base em relatos de experiências de sala de aula planejadas e aplicadas por professores do ensino regular. Está estruturado em cinco unidades independentes, mas complementares, que oferecem, cada uma, um referencial teórico sobre o tópico abordado, exemplos reais de sala de aula em diferentes países, estratégias inclusivas de diferenciação do conteúdo curricular e orientações práticas para sua aplicação. São elas:

UNIDADE 1: DIFERENCIAÇÃO CURRICULAR E NOSSOS ESTUDANTES

As atividades nessa unidade proporcionam um conjunto de estratégias que ajudam o educador a conhecer:

- a amplitude do currículo e as formas de diferenciá-lo;
- as similaridades e diferenças entre os estudantes;
- de que maneira as características pessoais se relacionam com o modo de aprender de cada um;
- como modificar o currículo para adequá-lo a diferentes estudantes ou grupos de estudantes.

UNIDADE 2: ESTRATÉGIAS PARA O AMBIENTE

As atividades dessa unidade reforçam no educador a importância de aprender a usar o ambiente escolar como espaço que favoreça a aprendizagem colaborativa. O termo "ambiente" tem que ver com o uso dos espaços escolares e do "clima" entre as pessoas – no caso da sala de aula, do clima entre os estudantes. Para desenvolver um ambiente inclusivo o docente deve:

- estimular um ambiente amistoso;
- incentivar os alunos a compartilhar;
- enfatizar a convivência;
- respeitar e valorizar cada estudante de forma igualitária;
- usar o ambiente (espaço físico e clima de interação) de sala de aula para apoiar o ensino e a aprendizagem de todos.

UNIDADE 3: ESTRATÉGIAS DE APRENDIZAGEM INSTRUCIONAL

Compreende estratégias de ensino que ajudam a identificar dificuldades específicas de cada estudante. Podem ser usadas em sala de aula, com turmas grandes ou grupos pequenos de estudantes, e permitem que o docente desenvolva as atividades em sala considerando as diferenças individuais de aprendizagem de modo que favoreça a participação de todos os alunos.

▶ **UNIDADE 4: AVALIAÇÃO**

O foco dessa unidade é a avaliação, ou melhor, o *processo de avaliação* do ensino e da aprendizagem. São abordados os seguintes tópicos:

- o que é avaliação no âmbito da educação inclusiva;
- como a avaliação (contínua ou pontual) deve ser utilizada quando se trabalha com a diferenciação do currículo;
- que tipo de avaliação se pode integrar ao processo de ensino e aprendizagem para verificar o progresso de cada estudante;
- de que maneira essa forma de avaliação apóia a inclusão.

UNIDADE 5: DIFERENCIAÇÃO DO CURRÍCULO – "COLOCANDO TUDO JUNTO"

Essa unidade incorpora componentes variados e estratégias que adotam uma orientação didática que reconhece os níveis diferenciados de aprendizagem dos estudantes. Não há somente uma forma de ensinar respondendo a essas diferenças, há uma variedade de possibilidades de estratégias que os docentes podem usar para promover a aprendizagem de cada um de seus alunos. Com o passar do tempo, cada docente vai se sentir mais seguro e confiante para testar novas estratégias, para "arriscar" métodos de ensino e de avaliação que sejam mais eficazes para os estudantes adquirirem conhecimentos.

ANEXO 3

Indicadores da inclusão

O material que apresenta os *indicadores da inclusão* foi publicado pela Unesco em parceria com o Centro de Estudos sobre Educação Inclusiva, situado em Bristol, na Inglaterra (Centre for Studies on Inclusive Education – http://inclusion.uwe.ac.uk/csie – *veja* **ANEXO 1**). O Índice para Inclusão ajuda os educadores a adquirir maior clareza acerca do que deve ser mudado e do que está mudando na escola, na prática pedagógica e no processo de aprendizagem. A seguir são apresentados alguns indicadores traduzidos desse material.

Os indicadores dizem respeito a três importantes dimensões da vida escolar – a cultura da escola, a política da escola e a prática na sala de aula – e devem ser usados em cada uma dessas dimensões específicas para a avaliação do contexto, monitoramento e acompanhamento das ações implementadas para promover mudanças, bem como para a avaliação dos resultados. Apresentam-se em forma de afirmações (constatações) elaboradas e organizadas com base em:

- elementos de estudos cujos resultados destacam os processos que facilitam a participação dos estudantes nas atividades escolares e mostram também que, sem esses elementos, os estudantes correm o risco de ser excluídos ou marginalizados no processo de ensino e aprendizagem;
- evidências recentemente obtidas sobre processos eficazes para a promoção da melhoria das escolas como um todo.

Com o uso de tais indicadores, pretende-se que os docentes e educadores aprendam a "olhar" a escola e suas atividades de uma nova perspectiva, isto é, com olhos renovados de quem olha tudo pela primeira vez e faz a si mesmo os seguintes questionamentos:

- O que está acontecendo?
- Qual é a minha impressão sobre tal situação?
- Esta estratégia de ensino está funcionando?
- Como posso melhorá-la?
- Como solucionar tal problema?

Uma vez obtidas as informações relevantes, essas perguntas ajudam qualquer comunidade escolar a planejar e alcançar com sucesso as etapas que levam à construção de uma escola e uma sala de aula mais inclusivas. Isso significa que os dados obtidos dos indicadores podem (e devem) ser utilizados para orientar as atividades tanto de análise como de desenvolvimento escolar.

DIMENSÃO 1: CULTURA ESCOLAR INCLUSIVA
Será que a filosofia da inclusão está clara para todos os membros da comunidade escolar, bem como para todos os que a visitam?

QUANDO VISITAMOS UMA ESCOLA ou uma sala de aula, formamos uma opinião do que vimos, baseada na atitude das pessoas que encontramos, nas atividades que presenciamos, no aspecto geral da escola/sala de aula, no modo como fomos recebidos ou tratados etc.

Quando começamos a trabalhar em uma escola, também temos uma impressão inicial e, aos poucos, conhecemos as regras de funcionamento das relações humanas, o estilo da gestão (mais autoritária ou mais democrática), o modo como os colegas se tratam e se relacionam, o modo como as crianças agem e como a escola funciona com respeito aos membros de sua comunidade. Enfim, um número imenso de informações e aprendizagens acontece no âmbito da *cultura da escola*.

Essa dimensão cultural refere-se, portanto, ao clima e à imagem que a escola transmite. Seus indicadores (veja quadro abaixo) ajudam a entender até que ponto a *filosofia da inclusão* é de fato conhecida, compreendida e adotada conscientemente pela comunidade escolar: gestores, docentes, funcionários, estudantes etc.

Indicadores do desenvolvimento de cultura escolar inclusiva

- A escola acolhe a todos
- A escola procura ativamente relacionar-se com as comunidades da sua área
- A diversidade dos estudantes é vista como um recurso valioso
- Os professores conhecem individualmente todas as crianças e as valorizam como pessoas
- Todos os alunos são valorizados igualmente
- Todos os pais/mães são valorizados igualmente
- Todos os membros do corpo de funcionários da escola são valorizados igualmente
- Os alunos sabem o que fazer quando têm um problema
- Os alunos apóiam-se mutuamente
- O corpo docente e os funcionários da escola apóiam-se mutuamente na resolução das dificuldades

DIMENSÃO 2: POLÍTICA ESCOLAR INCLUSIVA

Será que a política de funcionamento e gestão da escola em suas várias atividades contempla o princípio da inclusão?

UMA POLÍTICA INCLUSIVA garante que a preocupação e o compromisso com a inclusão estejam presentes em todos os aspectos do planejamento escolar, seja no âmbito da gestão, do ensino na sala de aula, das reuniões, das atividades extra-escolares, da divisão de tarefas etc.

O princípio da inclusão deve nortear as ações da escola no sentido de estimular, promover e garantir a participação de todos os envolvidos (sua representação) nos processos de tomada de decisão.

No âmbito da sala de aula, o princípio da inclusão favorece a participação de todos os alunos nas atividades em classe. Isso requer que o docente leve em conta a experiência dos estudantes e valorize sua contribuição. É importante que, ao gerir as atividades na sala, o professor promova tarefas que desenvolvam a capacidade dos alunos de se apoiarem mutuamente e, inclusive, de apoiarem o próprio professor. As crianças gostam de apoiar os docentes e se sentem valorizadas quando o fazem.

Indicadores do desenvolvimento de política escolar inclusiva

- A escola se esforça para incluir todas as crianças das comunidades locais
- A escola/o docente dispõe de um programa de recepção e integração de novos estudantes à sala de aula
- Os alunos têm oportunidades de participar de todas as atividades e disciplinas escolares

- • A escola/o docente adota na sala de aula uma política que visa reduzir as faltas dos alunos
- • A escola/o docente adota na sala de aula uma política que visa reduzir as suspensões e expulsões (exclusões disciplinares)
- • A escola/o docente adota na sala de aula uma política de combate à provocação e à violência no ambiente escolar
- • A escola procura tornar seu edifício acessível a todos
- • O sistema de avaliação dá valor a tudo que os estudantes conseguem realizar
- • Todas as ações da escola sempre consideram como meta primeira o apoio à aprendizagem e ao sucesso escolar
- • A escola/o docente adota na sala de aula uma política voltada para estimular a participação direta dos pais e membros/organizações da comunidade no processo de ensino e aprendizagem de seus alunos.

DIMENSÃO 3: PRÁTICA DE ENSINO INCLUSIVA

As salas de aula da escola promovem a participação de todos os alunos nas atividades?

TODOS ESTAMOS ACOSTUMADOS a ver salas de aula com paredes nuas, carteiras enfileiradas umas atrás das outras e estudantes sentados de frente para o professor (isto é, de costas para os colegas) e para a lousa. Quando entramos em uma classe e encontramos algo diferente disso, é uma surpresa... uma agradável surpresa.

Os indicadores da prática de ensino inclusiva ajudam o docente – e aqueles que apóiam seu trabalho, por exemplo, supervisores e coordenadores pedagógicos – a garantir que todas as práticas na sala de aula reflitam tanto a cultura como a política inclusiva da escola. Ou seja, a sala de aula deve se tornar um reflexo do que acontece na escola como um todo. O planejamento das aulas e das atividades escolares (ou extra-curriculares) deve sempre encorajar a participação de todos os alunos, e o clima da sala deve ser de respeito mútuo, celebração das diferenças e apoio recíproco, para que todos se sintam protegidos e valorizados.

Indicadores do desenvolvimento de prática de ensino inclusiva

- As aulas são planejadas pensando em cada aluno (e em todos eles)
- As aulas e seus conteúdos sempre promovem a compreensão das diferenças individuais e o respeito a elas
- As aulas encorajam os alunos a ser responsáveis pela própria aprendizagem (em vez de ficar tudo a cargo do professor)
- As explicações do professor ajudam o aluno a entender sua aprendizagem e relacioná-la com a vida real
- O docente usa várias estratégias de ensino e varia seu estilo de aula, tornando-a mais dinâmica
- Na aula os alunos são incentivados a trabalhar em conjunto, mas não em grupos fixos
- O docente ajusta suas aulas e estratégias de ensino de acordo com as respostas dos alunos
- As dificuldades de aprendizagem são vistas como oportunidades de aperfeiçoamento das práticas de ensino
- Colegas docentes ou membros da equipe de apoio participam das aulas para ajudar o professor na reflexão sobre a prática e posterior planejamento
- O docente ajuda os alunos a refletir sobre o que aprenderam

> Cabe aqui destacar que, em geral, os materiais produzidos pela Unesco, além de serem amplamente acessíveis e disponibilizados para ser fotocopiados, permitem que seus usuários criem novas estratégias com base nas condições locais. Desse modo, em formação docente para o uso de metodologias de ensino inclusivas, foi criada uma série de indicadores de cultura, política e prática para a família, os quais são valiosos e necessários para a realidade educacional brasileira.

Indicadores de cultura, política e prática para a família[4]:

- A escola é acolhedora e agradável para os pais/responsáveis
- A escola procura ativamente meios para interagir com os pais/responsáveis
- A escola procura ativamente interagir com os pais/responsáveis de alunos que têm necessidades especiais
- Os professores conhecem individualmente a família e a história de cada um de seus alunos
- Os pais/responsáveis pelos alunos participam da gestão da escola
- Os pais/responsáveis pelos alunos têm representantes nas instâncias de decisão da escola
- A escola possui mecanismos para ouvir os membros da família (cotidianamente)
- Os pais/responsáveis sabem a quem procurar quando há um problema

> 4 Elaborado por Windyz B. Ferreira durante o Projeto Aprender a Incluir e Incluir para Aprender, realizado entre 2001 e 2002 nas escolas da rede municipal de João Pessoa e, como atividade docente, na Universidade Federal da Paraíba.

- Os pais/responsáveis têm acesso à escola e ao prédio da escola a qualquer horário
- Os pais/responsáveis contribuem voluntariamente para a manutenção da escola
- Os pais/responsáveis realizam voluntariamente atividades com os alunos
- Os pais/responsáveis são tratados e tratam uns aos outros com respeito e dignidade
- Os pais/responsáveis conhecem os colegas de seus filhos
- A escola realiza atividades sociais nas quais os pais/responsáveis são convidados a participar ativamente
- Os pais/responsáveis são chamados para receber notícias sobre o sucesso de seus filhos
- A escola realiza atividades culturais e desportivas nas quais os pais/responsáveis são convidados a participar ativamente
- A escola realiza atividades acadêmicas nas quais os pais/responsáveis são convidados a participar ativamente

ANEXO 4

O que é currículo?[5]

Freqüentemente, como professores, baseamos o conteúdo curricular, o "currículo formal", num conjunto de metas e resultados educacionais. Como o currículo formal é estabelecido pelo governo, os docentes se sentem constrangidos a implementá-lo rigidamente. É comum sentirem que não podem introduzir mudanças ou inovações, nem mesmo no que se refere à seleção de livros a ser utilizados na sua escola. O resultado disso é que o ensino acaba contemplando a "média" dos estudantes, deixando de fora muitos deles. Em muitos países, os docentes se vêem limitados também em sua atuação porque o sucesso é medido pela performance dos estudantes nas provas e pelo cumprimento do conteúdo curricular.

Nesse contexto, temos de lembrar que nós, professores, também lidamos com um *currículo informal,* que diz respeito a uma aprendizagem não planejada – aprendizagem que acontece na nossa interação cotidiana com o ambiente.

Por outro lado, também existe um *currículo oculto* (escondido, velado) que afeta tanto o currículo formal como o informal, ao sutilmente influenciar o modo como o estudante se posiciona, adquire valores e adota determinadas atitudes com relação a diversas questões que perpassam a vida e o ambiente dentro e fora da escola. Esse tipo de currículo é invisível, e sua dimensão é muito difícil de precisar porque diz respeito a valores, princípios e práticas que os estudantes devem teoricamente seguir ou aprender intuitivamente. Ele tem que

---

[5] Traduzido e adaptado do material da Unesco – *Changing teaching practices:* using curriculum differentiation to respond to students' diversity, unidade 1, p.13 – por Windyz B. Ferreira.

ver com atitudes e crenças que nós, educadores, associamos à aprendizagem e à vida.

Todas as formas de preconceito e discriminação são aprendidas por meio do currículo informal e do currículo oculto. Um professor pode não dizer explicitamente na sala de aula que os negros não devem ter os mesmos direitos que os brancos, mas pode estimular essa crença com "brincadeiras e piadas" alusivas a uma pseudo-incapacidade. Da mesma forma, tratar com menosprezo uma criança de 10 anos que ainda não domina as habilidades de leitura e escrita, desconsiderando outras excelentes aptidões que ela possa ter, é igualmente nocivo. Ou, por outra, afirmar que a criança não tem condições de dar uma opinião ou não merece uma explicação sobre algo que lhe diz respeito porque é criança significa negar-lhe o direito de ser ouvida sobre questões relativas à sua vida.

ATIVIDADE

Reflita sobre o tema e responda às seguintes questões:
- Identifique algum elemento de sua prática educacional que esteja relacionado às definições de currículo dadas acima.
- Por que o currículo é um dos maiores desafios para a inclusão?

ATIVIDADE

ANEXO 5

Diferenciação curricular: usando as diferenças para planejar[6]

Por causa das exigências embutidas no currículo e das limitações impostas pelo tempo, com freqüência é um desafio para o docente selecionar um conteúdo que:

- seja significativo para cada estudante;
- reflita o interesse e as necessidades do estudante;
- esteja baseado ou leve em conta o ambiente (características, limitações, qualidades etc.);
- seja mais do que apenas "fatos para ser aprendidos".

No entanto, para ser justos com nossos estudantes e facilitar a aprendizagem de todos na classe, precisamos adaptar ou modificar o currículo segundo as necessidades e características de cada um. Os professores que diferenciam o currículo não discriminam nenhum aluno, nem se limitam a ensinar somente aqueles que se encontram no nível de aprendizagem de conteúdos estabelecidos pelo currículo – o seleto grupo dos que sabem, lêem bem, respondem corretamente, são bons alunos etc.

No processo de diferenciar o currículo, o docente deve oferecer à classe uma série de opções, uma variedade de experiências que contemplem estilos de aprendizagem distintos.

6 Traduzido e adaptado do material da Unesco — *Changing teaching practices:* using curriculum differentiation to respond to students' diversity, unidade 1, p.14 – por Windyz B. Ferreira.

A diferenciação curricular é um processo de modificação ou adaptação do currículo de acordo com os níveis diferentes de habilidades dos estudantes na mesma sala de aula. Os professores podem adaptar ou diferenciar o currículo introduzindo mudanças:

- no conteúdo;
- no método de ensino;
- no método que o aluno usa para aprender o conteúdo;
- no método de avaliação.

Método de apresentação do conteúdo

ESTE COMPONENTE considera uma variedade de técnicas para coletar e apresentar informações. O professor pode fornecer os materiais (texto, revistas, livros, material para experiência etc.) e os próprios estudantes coletam a informação. Outra possibilidade é que os estudantes procurem as informações com outras pessoas ou grupos da comunidade escolar ou na própria comunidade em que vivem (família, por exemplo).

Em outras palavras, o docente facilita os meios de coletar informação sobre algum tópico a ser trabalhado na sala de aula, mas são os estudantes que realizam a coleta.

Há inúmeras formas de apresentar ou incluir um conceito ou habilidade na aula (na lição, no conteúdo). São os chamados "modos de entrada" (*input modes*) de informação, e incluem: observar, ler, ouvir e fazer.

Podem-se aplicar esses modos de entrada utilizando várias estratégias, por exemplo:

Formar pares de alunos para ler um texto sobre o meio ambiente e depois solicitar que observem e analisem algumas características do ambiente escolar (bairro ou em casa)
Formar grupos de quatro alunos e solicitar que apenas um aluno de cada grupo leia em voz alta um texto sobre história (com datas, fatos e conseqüências). Ao final da leitura, todos fazem perguntas sobre o texto e pesquisam no livro as respostas
Preencha contando sua experiência como docente

Método de prática e performance (ensino e aprendizagem)

ESTE COMPONENTE TEM COMO FOCO os métodos e atividades usados para ajudar os estudantes a compreender a informação apresentada. Ou seja, uma vez incorporada a informação, o estudante lhe dá um sentido e, então, a utiliza. Há inúmeras formas de praticar ou aplicar uma habilidade e dar significado a um conceito. São os chamados "modos de saída" (*output modes*) de informação e abrangem: escrever, falar, desenhar, fazer. Por exemplo:

Formar duplas de alunos para produzir um texto sobre o meio ambiente. Cada dupla pode escrever seu texto (conteúdo) com base na compilação dos dados que conseguiu obter

As várias duplas podem escolher como apresentar o texto: oralmente, por meio de desenhos, fazendo uma experiência ou apresentando os materiais coletados

Formar um grupo de quatro alunos e solicitar que planeje uma forma visual de caracterizar o conteúdo aprendido em história

Preencha contando sua experiência como docente

Método de avaliação

ESTE COMPONENTE TEM COMO FOCO os métodos usados para avaliar se os estudantes aprenderam o conceito ou a habilidade ensinada. Os métodos de avaliação abrangem: a observação do estudante enquanto ele usa vários métodos de prática e performance; a avaliação dos resultados produzidos pelo estudante para mostrar que ele aprendeu o conteúdo. Por exemplo:

Formar duplas e observá-las trabalhando nas várias etapas da atividade: na coleta de informações, enquanto escrevem o texto etc.
O professor acompanha a elaboração das perguntas e a pesquisa das respostas no livro
Preencha contando sua experiência como docente

O QUE SABEMOS SOBRE NOSSOS ESTUDANTES?

Embora os três componentes do currículo – apresentação do conteúdo, prática e performance e avaliação – possam ser modificados, é recomendável começar com apenas um e combiná-los aos poucos, conforme se ganha mais experiência com seu uso. Qualquer que seja o método de trabalho escolhido pelo professor, é importante reforçar que tanto o docente como o estudante são influenciados por necessidades, habilidades e interesses individuais, experiências e conhecimentos prévios, modalidades e estilos de aprendizagem.

Assim, devemos sempre indagar o que sabemos dos nossos estudantes. Na diferenciação curricular, utilizamos meios informais de avaliar e mapear cada aluno na sala de aula. Podemos observá-los, ouvi-los, conversar com eles, olhar seus trabalhos (sua produção/performance), perguntar sobre suas dificuldades para realizar a tarefa etc.

Devemos coletar informações sobre:

- o que os alunos já sabem;
- o que podem fazer/realizar;
- o que não sabem e não podem fazer;
- quais são seus interesses;
- quais experiências relacionadas aos tópicos trabalhados já tiveram (estratégia SQA);
- que estilo de aprendizagem funciona melhor para cada um.

Uma vez que as barreiras à aprendizagem podem se apresentar a qualquer momento, é importante lembrar que devemos avaliar os estudantes continuamente.

ATIVIDADE

Escolha um tópico do currículo formal que você ensina (procure algo simples).
Pense na sua turma e em um aluno que tem mais dificuldade para aprender.
Reflita sobre isso e responda às perguntas abaixo:

- Como você poderia tornar esse tópico curricular mais significativo para os alunos em geral e, em particular, para esse aluno com dificuldade?
- Pense em três formas diferentes, que envolvam graus de dificuldade distintos, de apresentar esse conteúdo aos alunos. Qual delas você prefere e por quê?

ATIVIDADE

Inventário de estilos de aprendizagem

Assinale a afirmação que descreve sua preferência. Seu estilo de aprendizagem predominante é aquele em que você apresenta o maior número de afirmativas assinaladas.

GRUPO 1 – LER
_____ 1. Gosto de ler quando tenho tempo livre.
_____ 2. Prefiro ler um relatório a ouvir sobre o seu conteúdo.
_____ 3. Entendo melhor um assunto quando leio sobre ele.
_____ 4. Gravo melhor a informação quando a leio do que quando a escuto.
_____ 5. Prefiro ler o jornal a vê-lo na TV.
_____ Número total

GRUPO 2 – ESCREVER
_____ 1. Faço anotações quando leio para entender melhor o material.
_____ 2. Faço anotações na sala de aula para me lembrar do que foi tratado.
_____ 3. Gosto de reescrever minhas anotações para entender melhor o material.
_____ 4. Cometo menos erros quando escrevo do que quando falo.
_____ 5. A melhor forma de ter controle sobre minhas atividades é anotá-las.
_____ Número total

GRUPO 3 – OUVIR

____ 1. Gosto de ouvir as pessoas debatendo sobre diferentes assuntos.
____ 2. Aprendo mais quando assisto ao jornal na TV do que quando leio as notícias.
____ 3. Normalmente me lembro do que ouvi.
____ 4. Prefiro ver o filme sobre um livro a ler o livro.
____ 5. Aprendo melhor ouvindo uma aula do que lendo um livro sobre o tópico.
____ Número total

GRUPO 4 – FALAR

____ 1. Gravo melhor as coisas quando as falo em voz alta.
____ 2. Falo comigo mesma quando tento resolver algo.
____ 3. Eu me comunico melhor ao telefone do que escrevendo.
____ 4. Aprendo melhor quando estudo com colegas.
____ 5. Entendo melhor o que leio quando o faço em voz alta.
____ Número total

GRUPO 5 – VISUALIZAR

____ 1. Posso "ver" as palavras em minha mente quando preciso soletrar.
____ 2. Faço uma figura do que leio.
____ 3. Posso me lembrar de algo visualizando-o na minha mente.
____ 4. Lembro como é a página do livro quando a leio.
____ 5. Guardo mais o rosto das pessoas do que seus nomes.
____ Número total

GRUPO 6 – MANIPULAR

____ 1. Gosto de fazer modelos das coisas.

____ 2. Prefiro fazer experimentos a ler sobre eles.

____ 3. Aprendo melhor quando posso manipular os objetos.

____ 4. Acho muito difícil ficar sentada quando estou estudando.

____ 5. Ando muito quando tento resolver um problema.

____ Número total

ANEXO 7

Planejamento inclusivo[7]

Bases das Estratégias Inclusivas[8]

1. APRENDIZAGEM ATIVA

Abordagens e metodologias de ensino que encorajam/estimulam a participação ativa dos alunos nas atividades de sala de aula.

Exemplo: problemas para buscar solução em parceria com colegas.

2. NEGOCIAÇÃO DE OBJETIVOS

Abordagens em que as atividades levam em conta as motivações e os interesses dos alunos.

Exemplo: começar um novo tema/assunto sabendo o que os alunos conhecem sobre ele.

3. DEMONSTRAÇÃO, PRÁTICA E REFLEXÃO SOBRE A PRÁTICA

Abordagens em que se propõem modelos práticos que são utilizados/aplicados e se dá oportunidade para pensar/discutir em conjunto sobre eles.

4. AVALIAÇÃO CONTÍNUA

Abordagens que são continuamente revisadas e sobre as quais se reflete e se investiga sistematicamente. A reflexão e a investigação se tornam meios de aprender mais efetivamente.

---

[7] Elaborado por Windyz B. Ferreira.
[8] Os princípios da inclusão acima foram retirados de *Formação de professores, necessidades especiais na sala de aula*, publicado pela Unesco em 1993.

Exemplo: pedir aos alunos que tragam exemplos práticos, da vida real, para a aula seguinte sobre o tema estudado ou pesquisado.

5. APOIO

Abordagens que incentivam os indivíduos a correr risco, a fazer algo novo, ainda não pensado, cientes de que contam com a ajuda de alguém: colegas ou professores.

Exemplo: professor circular na sala.

Planejamento

- O que é?
- Para que serve?
- Quem deve planejar?
- Por que devemos planejar?

Como "driblar" as barreiras para planejar com os professores e apoiá-los sistematicamente na implementação do planejamento?
- Assegurando apoio técnico no planejamento das aulas.
- Promovendo continuamente a reflexão sobre a prática docente.
- Elaborando um planejamento colaborativo.

ATIVIDADE

**Tarefa para o professor:
mapa do estilo de abordagem de ensino**

- Como organizo minha classe? Exemplo: carteiras, mesa, onde fico, como uso o quadro, as paredes etc.

- Como interajo com meus alunos? Exemplo: em geral, no início da aula, quando começo um tema novo, quando faço revisão etc.

ATIVIDADE

- Como avalio meus alunos? Exemplo: regularmente (todos os dias, uma vez por semana), aplico prova, faço anotações gerais sobre alguns alunos ou sobre cada um.

- Que tipos de dificuldades encontro em minha sala de aula? Como ajo em relação a elas? De que tipo de ajuda preciso (recursos humanos e materiais)?

ATIVIDADE

- Que estratégias uso para atingir os alunos que têm mais dificuldade para aprender? Exemplo: separo-os do "grupão", dou apoio no recreio, não faço nada em particular, cumpro o programa previsto etc.

ATIVIDADE

- Quando percebo/considero que fui bem-sucedido na aula e sei que os alunos aprenderam, me questiono:
  - O que fiz de diferente?
  - Como dei a aula?
  - Como interagi com meus alunos?
  - Como organizei a classe?
  - Como os alunos (com maior dificuldade) participaram?

Elementos para a construção de uma nova dinâmica de sala de aula

Interação: o professor interage com os alunos, descobre o que eles sabem sobre o tema, traz a realidade e a experiência deles para a sala de aula, "aproveita" e valoriza os recursos que cada um já possui. OUVIR É O SEGREDO.

Assunto (conteúdo curricular): o professor apresenta o tema e "desafia", instiga os alunos a falar, a se expressar, reforça, pergunta e expressa dúvidas... NUNCA SE DESVALORIZA UMA CONTRIBUIÇÃO.

Organização: os alunos sentam-se juntos em dupla ou grupos maiores. Os grupos variam de aula para aula, para garantir que todos possam participar, se conhecer, trocar experiências e se APOIAR MUTUAMENTE.

Atividades: os alunos trabalham juntos para resolver problemas e tarefas, depois apresentam o resultado obtido.

Professor: coordena o trabalho e apóia o grupo.

Lembrete sobre estratégias de ensino inclusivas

- Refletir sobre a prática (experiências pessoais e participação)
- Incentivar o apoio mútuo (trabalho colaborativo)
- Criar oportunidades de aproximação e conhecimento entre as crianças (organizar grupos diferentes a cada atividade)
- Apoiar crianças individualmente (quando necessário)

- Usar as paredes para valorizar as aquisições (todos contribuem)
- Planejar atividades variadas para atingir os diferentes níveis de aprendizagem (cópia, desenho, leitura, pesquisa, problema etc.)

ANEXO 8

Cultura na sala de aula

Como o professor pode apoiar a amizade e a colaboração entre os estudantes?

Na sala de aula uma série de fatores afetam o ensino, a aprendizagem e o modo como as pessoas se relacionam umas com as outras. O desenvolvimento de um ambiente inclusivo não acontece ao acaso, mas requer um trabalho conjunto do docente e dos alunos no sentido de valorizarem cada um na classe e ajudarem ao outro sempre que possível.

Para se tornar mais inclusiva, uma classe com crianças que têm experiências sociais, familiares, educacionais e culturais muito diversas deve promover (estimular, encorajar, incentivar, celebrar) a colaboração entre elas. Todos devem ser chamados a ajudar os outros a aprender e cooperar entre si. A amizade[9] deve ser valorizada como algo importante para a convivência, e podem-se realizar atividades extracurriculares na sala de aula para despertar o coleguismo e combater a discriminação e o preconceito.

A amizade e a interação entre os colegas são cruciais para:

- entender e promover o respeito às diferenças individuais;
- promover o sentido de inclusão (identificar-se como um membro do grupo);
- fomentar uma cultura de colaboração e cooperação.

[9] Sugestão de leitura:
STRULLY, J.; STRULLY, C. "A amizade como um objetivo educacional". In: STAINBACK, S.; STAINBACK, W. *Inclusão – Um guia para educadores*. Porto Alegre: Artmed, 1999.

Colaboração tem que ver com trabalhar juntos e construir algo novo coletivamente.

Cooperação tem que ver com dividir tarefas, compartilhar informações, apoiar o outro.

Colaborar e cooperar envolve mais do que realizar trabalhos em grupo. Essas ações implicam uma atitude de tolerância, aceitação e esforço integrado entre os membros da classe (comunidade escolar ou local em geral) para o desenvolvimento pessoal e a aprendizagem. Nossa maneira de ensinar repercute consideravelmente nisso.

Os professores sempre tiveram de aprender a trabalhar sozinhos e desenvolveram a idéia de que os estudantes também devem trabalhar individualmente. Assim, para trabalhar colaborativamente, o professor deve aprender a trabalhar junto com o outro:

- planejar junto com os colegas e os alunos;
- preparar materiais didáticos juntos;
- dividir materiais com os colegas;
- trocar informações sobre a experiência com os materiais;
- pedir opiniões sobre atividades, ocorrências na sala de aula etc.

Enfim, tornar o espaço escolar – a escola, a sala de aula, a sala de professores, o intervalo – um espaço de aprendizagem profissional e crescimento pessoal.

ANEXO 9

Aprendizagem colaborativa

De que forma o professor pode usar um ambiente acolhedor para apoiar o sucesso acadêmico dos estudantes?

Hoje em dia, é comum que os professores organizem seus alunos em grupos na classe. Ao mesmo tempo, freqüentemente solicitam que eles realizem atividades isoladamente, sem se comunicar. Assim, perguntamos: *como os estudantes podem trabalhar em grupo ou colaborativamente se não podem se comunicar?*

A aprendizagem colaborativa constitui-se em abordagens para ensinar e aprender, estruturadas para responder às necessidades do estudante em contextos específicos. Essa aprendizagem não acontece por acaso: o professor deve implementar estratégias para que o trabalho colaborativo seja executado na classe. Isso implica planejamento, apoio e esforço tanto do professor como dos alunos. Para aprender a trabalhar colaborativamente, também é preciso TEMPO.

Quando se objetiva o desenvolvimento de um processo de ensino e aprendizagem baseado na colaboração entre os membros da comunidade na sala de aula, podem-se utilizar diversas estratégias para o ensino do conteúdo curricular. Essas práticas educacionais possuem as seguintes características:

- interdependência positiva (IP);
- responsabilidade individual;
- habilidades cooperativas;

- interação face a face;
- reflexão do estudante e estabelecimento de objetivos.

Num ambiente onde a IP é incentivada, o professor e os alunos se preocupam com a aprendizagem e a performance educacional de cada membro do grupo. Isso significa que o sucesso só acontece quando todos os membros do grupo sentirem que conseguiram realizar a tarefa e contribuir para o objetivo final. Nesse contexto, atingir o objetivo depende de todos os elementos do grupo.

Há muitas formas de desenvolver a interdependência positiva, entre elas:

TIPOS	FORMAS DE FAZER	EXEMPLOS
Interdependência de objetivo	Estabelecer objetivos mútuos para o grupo: • completar uma tarefa; • achar a solução para um problema; • demonstrar certos comportamentos.	• Aprender a soletrar vinte palavras e garantir que todo o grupo pode fazer o mesmo. • Ler uma história e criar para ela um final diferente. • Ler partes de uma história e reconstruí-la com um final com o qual todos estejam de acordo.

TIPOS	FORMAS DE FAZER	EXEMPLOS
Interdependência de tarefa	Dividir o trabalho entre os membros do grupo: • fazer que cada estudante perceba que tem de aprender algo específico para contribuir com o grupo; • criar subgrupos de trabalho para a solução/realização de um trabalho comum.	• Cada estudante assume a tarefa de criar um personagem para apresentar a história. • Cada estudante deve ser capaz de solucionar partes de uma mesma operação matemática. • Cada estudante deve trazer dados/informações sobre um mesmo tema para construir um texto coletivo.
Interdependência de recursos	Dividir ou compartilhar materiais, recursos e informações.	• Um livro/texto é dado ao grupo para que este o leia e responda a uma série de questões. • Um material de desenho é dado ao grupo para que este construa um painel comum.

TIPOS	FORMAS DE FAZER	EXEMPLOS
Interdependência de papel	Definir papéis para cada estudante do grupo.	• Cada estudante assume um papel específico na realização da tarefa: coordenador do grupo, leitor, controlador de tempo na realização da tarefa e na fala de cada membro do grupo, relator da conclusão ou da síntese, incentivador dos colegas, mediador dos conflitos, "apoiador" de quem tem dificuldade para realizar uma tarefa etc.
Interdependência de premiação	Premiar o grupo por atingir o objetivo estabelecido ou por realizar a tarefa solicitada.	• Cada membro do grupo ganha pontos quando todos conseguem realizar a tarefa/atividade (fazer cinco exercícios, copiar trinta palavras, escrever um texto sem erros gramaticais, redigir um texto de vinte linhas e usar a pontuação correta etc.).

Fonte: Unesco. *Changing teaching practices: using curriculum differentiation to respond to students' diversity.* 2004, p. 46.

ANOTAÇÕES